2020-2021
2e édition

L'essentiel des INSTITUTIONS ADMINISTRATIVES

Christophe Doubovetzky

Gualino
un savoir-faire de Lextenso

LES CARRÉS

Cette collection de livres présente de manière synthétique, rigoureuse et pratique l'ensemble des connaissances que l'étudiant doit posséder sur le sujet traité. Elle couvre :

- le Droit et la Science Politique,
- les Sciences économiques,
- les Sciences de gestion,
- les concours de la Fonction publique.

Christophe Doubovetzky, est Docteur en droit. Il enseigne le droit public à l'Institut National Universitaire Champollion. Il intervient également à l'université Toulouse 1 Capitole, où il est rattaché à l'IDETCOM (EA 785).

1, Parvis de La Défense
92044 Paris La Défense Cedex
ISBN 978-2-297-09184-8

Suivez-nous sur www.gualino.fr

Contactez-nous **gualino@lextenso.fr**

PRÉSENTATION

L'ambition de cet ouvrage est de donner ***une présentation synthétique, complète et pédagogique des institutions administratives françaises*** afin de permettre au lecteur d'en avoir une meilleure compréhension dans un contexte d'évolution permanente due notamment à la réforme de l'État et à l'intégration européenne.

Cet ouvrage est destiné aux étudiants en licence de droit, d'AES et de science politique qui veulent accéder aux connaissances devant être maîtrisées dans le cadre de leur formation.

Il s'adresse également aux agents administratifs désireux d'avoir un accès rapide aux notions fondamentales relatives aux institutions administratives et à toute personne curieuse s'intéressant à ce domaine en dehors de toute motivation professionnelle ou universitaire.

L'ouvrage est divisé en ***trois parties*** :

- les principes généraux de l'organisation administrative ;
- l'administration centrale de l'État ;
- l'administration territoriale de la République.

Plan de cours

Présentation 3

PARTIE 1
Les principes généraux de l'organisation administrative

Chapitre 1 – Le système administratif **15**

1 – Les éléments du système administratif ***15***

- *La personnalité morale* 15
- *La place essentielle des personnes publiques* 16
  - a) L'État 16
  - b) Les collectivités territoriales 17
  - c) Les établissements publics 17
  - d) Les groupements d'intérêt public 20
  - e) Les autres personnes publiques 21
- *Une place possible pour les personnes privées* 22

2 – Unité et diversité du système administratif ***23***

- *Une possible diversité du système administratif* 23

■ *Les contrôles, garantie de l'unité du système administratif* 24
a) Le pouvoir hiérarchique 24
b) Contrôle de tutelle 25
c) Le contrôle de l'État sur les collectivités territoriales 26

Chapitre 2 – Les relations entre l'administration et le pouvoir politique **29**

1 – La subordination de principe de l'administration ***29***

2 – La nécessaire continuité et efficacité de l'action administrative ***30***

3 – Les limites de l'action administrative ***32***

PARTIE 2
L'administration centrale de l'État

Chapitre 3 – Les organes de direction **35**

1 – Le président de la République ***35***
■ *Les attributions administratives du président de la République* 35
a) Pouvoir de décision 35
b) Pouvoir de nomination 36
■ *Les services de la présidence de la République* 40

2 – Le Premier ministre ***44***
■ *Les attributions administratives du Premier ministre* 44
■ *Les services du Premier ministre* 44

3 – Les membres du gouvernement ***48***
■ *L'organisation interne des ministères* 48
■ *Les attributions administratives des ministres* 51
a) L'autorité sur les services 51
b) La participation à l'exercice du pouvoir réglementaire 51

Chapitre 4 – Les autorités de régulation 53

Chapitre 5 – Les organes de consultation 57

1 – Le Conseil économique, social et environnemental **57**

- *Attributions* 58
- *Composition et organisation* 59

2 – Le Conseil d'État **62**

- *Composition du Conseil d'État* 62
- *Organisation du Conseil d'État* 63
- *Attributions consultatives du Conseil d'État* 64

Chapitre 6 – Les organes de contrôle 67

1 – Les corps d'inspection et de contrôle **67**

2 – Les juridictions administratives **68**

- *Le Conseil d'État* 72
  - a) Attributions contentieuses 72
  - b) Formations de jugement 74
- *Les cours administratives d'appel et les tribunaux administratifs* 77
  - a) Les attributions contentieuses des cours administratives d'appel et des tribunaux administratifs 77
  - b) Les fonctions consultatives des cours administratives et des tribunaux administratifs 78
  - c) Les magistrats administratifs 78
- *Les recours juridictionnels* 78

3 – Les juridictions financières : l'exemple de la Cour des comptes **79**

- *Composition* 79
- *Organisation* 80
- *Attributions* 80
  - a) Les attributions juridictionnelles 80
  - b) Les attributions administratives 81

PARTIE 3
L'administration territoriale de la République

Chapitre 7 – L'administration déconcentrée **85**

1 – La déconcentration territoriale : les circonscriptions administratives ***87***

- *La circonscription régionale* 87
- *La circonscription départementale* 90
- *Les autres circonscriptions administratives* 91

2 – La déconcentration fonctionnelle : les autorités déconcentrées ***93***

- *Le préfet de département* 93
  - a) Statut 93
  - b) Équipe du préfet 94
  - c) Attributions du préfet 94
- *Le préfet de région* 95
  - a) Rôle et attributions du préfet de région 95
  - b) Le comité de l'administration régionale et le secrétariat pour les affaires régionales 96
- *Le maire* 98

Chapitre 8 – L'administration décentralisée **99**

1 – Les principes de la décentralisation ***102***

2 – La préservation de l'indivisibilité de la République ***105***

- *Le contrôle de légalité* 106
- *Les contrôles budgétaire et de gestion* 109

Chapitre 9 – Les collectivités territoriales de droit commun 111

1 – La commune *111*

- *L'organe délibératif : le conseil municipal* 111
  - a) Composition 111
  - b) Fonctionnement 113
  - c) Attributions 114
- *L'organe exécutif : le maire* 115

2 – Le département *115*

- *L'organe délibératif : le conseil départemental* 116
  - a) Composition 117
  - b) Fonctionnement 117
  - c) Attributions 118
- *L'organe exécutif : le président du conseil départemental* 119

3 – La région *119*

- *L'organe délibératif : le conseil régional* 121
  - a) Composition 121
  - b) Fonctionnement 122
  - c) Attributions 122
- *L'organe exécutif : le président du conseil régional* 124
- *Un organe consultatif : le conseil économique, social et environnemental régional* 124

Chapitre 10 – Les collectivités territoriales à statut dérogatoire 125

1 – Les statuts dérogatoires de métropole *125*

- *Paris, Lyon, Marseille* 125
- *La Ville de Paris* 126
- *La métropole de Lyon* 126
- *La collectivité de Corse* 128
- *La Collectivité européenne d'Alsace* 129

2 – Les statuts dérogatoires d'outre-mer **129**
- *Les départements et régions d'outre-mer* 129
- *Les collectivités d'outre-mer* 130
- *Les Terres australes et antarctiques françaises et l'île de Clipperton* 132
- *La Nouvelle-Calédonie* 132

Chapitre 11 – La coopération locale **135**

1 – La coopération intercommunale **135**
- *Les structures intercommunales de gestion* 137
  a) Le syndicat de communes (EPCI) 137
  b) Le syndicat mixte 138
  c) Le pôle métropolitain 138
  d) Le pôle d'équilibre territorial et rural 139
- *Les structures intercommunales de projet* 140
  a) Organes des établissements publics de coopération intercommunale 140
  b) La communauté de communes 141
  c) La communauté urbaine 143
  d) La communauté d'agglomération 145
  e) La métropole 147

2 – La coopération interdépartementale et interrégionale **153**
- *La coopération entre départements* 153
- *La coopération entre régions* 154

Bibliographie **155**

PARTIE 1 Les principes généraux de l'organisation administrative

Chapitre 1 - **Le système administratif** 15

Chapitre 2 - **Les relations entre l'administration et le pouvoir politique** 29

Les institutions administratives sont traditionnellement définies comme l'ensemble des structures chargées de la gestion des affaires publiques. En tant qu'organes qui exercent des tâches administratives sous un régime de droit public, elles constituent en principe des moyens au service du politique pour atteindre ses objectifs.

L'administration peut cependant faire l'objet de différentes approches.

Selon une ***approche organique***, l'Administration est un ensemble de personnes morales aux statuts et aux règles variés – comme l'État, les collectivités territoriales, les établissements publics – et indirectement d'agents, personnes physiques – comme les fonctionnaires.

Emploi dans la fonction publique

5,526 millions de personnes travaillent dans les trois versants de la fonction publique, hors 138 800 bénéficiaires de contrats aidés, soit 19,8 % de l'emploi total (salarié et non salarié) en France (Métropole + DOM), au 31 décembre 2017.

2,450 millions d'agents travaillent dans la fonction publique de l'État (FPE), soit 44,3 % de l'emploi public : 80,1 % dans les ministères, et 19,9 % dans les ÉPA nationaux.

1,902 million d'agents travaillent dans la fonction publique territoriale (FPT), soit 34,4 % de l'emploi public : 73 % dans les régions, départements et communes, et 27 % dans les ÉPA locaux.

1,173 million d'agents travaillent dans la fonction publique hospitalière (FPH), soit 21,2 % de l'emploi public : 87,7 % dans les hôpitaux, 8,8 % dans les établissements d'hébergement pour personnes âgées et 3,5 % dans les autres établissements médico-sociaux.

Le taux d'administration (hors militaires et hors bénéficiaires de contrats aidés) des trois fonctions publiques est de 72,7 agents pour 1 000 habitants (Métropole + DOM) : 81,6 ‰ en Ile-de-France, 86,3 ‰ dans les DOM et 70,1 ‰ en province.

Tous versants confondus, les effectifs augmentent de 0,8 % entre 2016 et 2017. Ils augmentent dans chacun des versants : +0,8 % dans la FPE, +0,9 % dans la FPT et +0,7 % dans la FPH. Le nombre de bénéficiaires de contrats aidés diminue de 26,7 % par rapport à fin 2016 (après -4,2 % entre fin 2015 et fin 2016).

La fonction publique emploie, hors bénéficiaires de contrats aidés, 3 841 000 fonctionnaires, 1 017 500 contractuels, 309 100 militaires et 358 300 agents relevant des « autres catégories et statuts » (dont 143 700 enseignants et documentalistes des établissements privés sous contrat). Parmi les agents de la fonction publique, 35 % relèvent de la catégorie hiérarchique A (dont 2,3 % de la catégorie A +), 19 % de la B et 45 % de la C. Dans la FPE : 56 % des agents relèvent de la catégorie A (dont 4,5 % en A +), 24 % de la catégorie B et 20 % de la catégorie C. FPT : 10 % en A (dont 0,6 % en A +), 15 % en B et 76 % en C. FPH : 34 % en A (dont 0,5 % en A +), 18 % en B et 48 % en C.

Les agents de la FPH sont âgés en moyenne de 41,9 ans, contre 42,5 ans dans la FPE et 45,3 ans dans la FPT.

La fonction publique compte 62 % de femmes (contre 46 % dans le secteur privé) : la FPE 56 % (y compris militaires), la FPT 61 % et la FPH 781 %.

Source : Ministère de l'Action et des Comptes publics, Fonction publique, Chiffres-clés 2019

L'approche fonctionnelle de l'administration s'intéresse à ses fonctions, c'est-à-dire aux raisons qui justifient son existence. Dans cette perspective, l'administration a pour objectif l'ordre public et la satisfaction d'autres finalités d'intérêt général. Cela conduit en général à analyser la fonction administrative selon deux ensembles de tâches toujours exercées dans un but d'intérêt général : une fonction de police, permettant de maintenir l'ordre public – réglementation, contrôle – et une fonction de prestation – fourniture de biens et de service.

Il est alors possible d'envisager l'administration publique selon une ***approche idéologique***. La conception de l'intérêt général retenue et partant celle de l'administration publique témoignent en effet d'une certaine vision de la légitimité de l'action publique. Celle-ci se traduit alors tant dans l'étendue des domaines de l'administration publique (domaines d'intervention) que dans ses modalités (agit, fait agir, régule).

Par ailleurs, la gestion des activités administratives est en principe confiée à des personnes publiques. Cependant, la diversité et l'accroissement de l'action publique notamment dans le secteur économique et social conduit à emprunter aux formes institutionnelles de droit privé, voire à avoir recours à des personnes privées. ***Les personnes publiques et les personnes privées qui mettent en œuvre la fonction administrative sont alors qualifiées d'institutions administratives.***

Le Code des relations entre le public et l'administration semble retenir cette approche. L'article L. 100-3 dispose qu'au « sens du présent code et sauf disposition contraire de celui-ci, on entend par : 1° Administration : les administrations de l'État, les collectivités territoriales, leurs établissements publics administratifs et les organismes et personnes de droit public et de droit privé chargés d'une mission de service public administratif, y compris les organismes de sécurité sociale ».

Ainsi, il convient d'envisager d'une part les éléments du système administratif et d'autre part les relations qui existent entre l'administration et le pouvoir politique.

Chapitre 1

Le système administratif

Le système administratif est composé en France de personnes variées et d'une organisation permettant sa diversité. Il demeure cependant unitaire.

1 Les éléments du système administratif

Les personnes morales chargées d'exercer l'activité administrative sont en principe de droit public mais elles peuvent être aussi de droit privé, dans l'hypothèse où la personne morale de droit privé est chargée de la gestion d'un service public.

Personnes publiques	Personnes privées
État Collectivités territoriales Établissements publics Groupements d'intérêt public Autres personnes publiques : autorités publiques indépendantes, Banque de France, Institut de France, Académie française, Académie des inscriptions et belles-lettres, Académie des sciences, Académie des beaux-arts et Académie des sciences morales et politiques.	Chargées de la gestion d'un service public

■ *La personnalité morale*

La personnalité morale est un procédé technique qui permet d'attribuer la personnalité juridique à un groupement de personnes et de biens. La personne morale, titulaire de droits et obligations, est donc distincte des différentes personnes physiques qui la composent.

Il existe des personnes morales de droit public – État, collectivités territoriales, établissements publics... – et de droit privé, à but lucratif – sociétés commerciales... – ou non lucratif – association, syndicat professionnel...

Les personnes morales disposent, selon le principe de spécialité, d'un domaine de compétence plus ou moins étendu, fixé par l'objet pour lequel elles ont été créées. Elles bénéficient en outre d'une certaine autonomie de gestion et d'organisation, d'un budget et d'un patrimoine propre.

■ *La place essentielle des personnes publiques*

Les personnes publiques occupent une place essentielle au sein des institutions administratives. Elles sont caractérisées par plusieurs éléments.

D'abord, elles ont un objet d'intérêt général rentrant dans les activités à la charge des pouvoirs publics. L'existence de cet objet justifie la raison pour laquelle la personne morale a été créée et limite son action, selon le principe de spécialité.

Ensuite, les personnes publiques bénéficient de prérogatives de puissance publique légitimées par la mission d'intérêt général (plus particulièrement de service public) qui leur est confiée. Plus largement elles sont soumises au moins partiellement au droit administratif.

Enfin, les conditions de création et les modes de gestion des personnes publiques sont particuliers et impliquent une décision et un contrôle par une autorité politique élue.

Il existe différentes personnes morales de droit public : l'État, les collectivités territoriales, les établissements publics, les groupements d'intérêt public et d'autres personnes publiques qui ne relèvent d'aucune des catégories précédentes.

a) L'État

L'État est la personne publique qui personnifie la communauté nationale. Il est détenteur de la souveraineté interne et externe. Il dispose de sa compétence dans le respect de la Constitution et des traités communautaires. Il détermine donc lui-même son champ d'intervention et celui des autres personnes morales à qui il peut transférer certaines de ses compétences. Il procède alors au contrôle du respect de la distribution des compétences.

L'État a ses organes propres (v. *infra*), ses services, son domaine et son personnel.

N.B. : L'État français est un État unitaire, même s'il existe en son sein de nombreuses composantes et donc une certaine diversité. L'État unitaire se distingue de l'État fédéral. Ce dernier est une association d'entités bénéficiant d'une autonomie constitutionnelle, législative et judiciaire qui constituent elles-mêmes en apparence des États (les États fédérés). Les compétences politiques sont alors réparties verticalement entre les États fédérés et l'État fédéral selon des critères de partage déterminés dans la constitution fédérale.

b) Les collectivités territoriales

La Constitution établit la liste limitative des collectivités territoriales. À noter que les régions et les collectivités à statut particulier ont été intégrées à la Constitution par la révision constitutionnelle du 28 mars 2003.

Constitution du 4 octobre 1958, art. 72, al. 1

« Les collectivités territoriales de la République sont les communes, les départements, les régions, les collectivités à statut particulier et les collectivités d'outre-mer régies par l'article 74. Toute autre collectivité territoriale est créée par la loi, le cas échéant en lieu et place d'une ou de plusieurs collectivités mentionnées au présent alinéa. »

Les collectivités territoriales, comme toutes les personnes publiques, sont dotées de la personnalité morale. Elles s'administrent librement par des conseils élus et disposent d'un pouvoir réglementaire pour l'exercice de leurs compétences. Elles ont en outre vocation à prendre les décisions pour l'ensemble des compétences qui peuvent le mieux être mises en œuvre à leur échelon, selon le principe de subsidiarité (v. *infra* partie sur les collectivités territoriales).

N.B. : Les collectivités territoriales doivent être distinguées des circonscriptions administratives qui, elles, n'ont pas la personnalité morale.

c) Les établissements publics

L'établissement public est en principe un mode de gestion du service public. Il est initialement destiné à favoriser l'efficacité de ce dernier par l'octroi d'une certaine autonomie de gestion. L'établissement public est ainsi qualifié de « service public personnalisé » par le Doyen Hauriou.

Cette conception classique de l'établissement public doit cependant être nuancée puisqu'il existe désormais des établissements publics territoriaux dotés d'une pluralité de compétences, tels les établissements publics de coopération intercommunale (v. *infra*).

Trois éléments caractérisent l'établissement public :

- la personnalité morale qui lui confère une certaine ***autonomie*** ;
- la soumission au principe de ***spécialité*** qui limite sa compétence à l'objet pour lequel il a été créé quand bien même une certaine diversification des missions est possible ;

– le ***contrôle de tutelle*** de la collectivité publique de rattachement sur les personnes et les actes de l'établissement public.

N.B. : Les établissements publics ne doivent pas être confondus avec les établissements d'utilité publique qui restent des personnes morales de droit privé, quand bien même les pouvoirs publics témoignent d'un intérêt pour leur activité. Dans le silence de la loi plusieurs critères ont été posés par le juge pour pouvoir les distinguer (*T. confl., 9 déc. 1899, Association Syndicale du Canal de Gignac : Rec., p. 73*) : origine de l'établissement, importance du contrôle des autorités publiques, nature de l'activité en cause, existence de prérogatives de puissance publique, ressources de l'établissement.

1) Création des établissements publics

Les pouvoirs législatif et réglementaire jouent un rôle en matière de création d'établissements publics.

L'article 34 de la Constitution française indique que le législateur est compétent pour fixer les règles concernant la création de catégories d'établissements publics ; celle-ci entraînant la fixation des règles destinées à le régir. Le Conseil constitutionnel a précisé la notion de catégorie d'établissements publics et a également admis qu'un établissement public pouvait à lui seul constituer une catégorie *(Cons. const., 27 nov. 1959, n° 59-1 L, RATP, Nature juridique de l'article 2, alinéa 3 de l'ordonnance n° 59-151 du 7 janvier 1959 relative à l'organisation des transports de voyageurs dans la région parisienne).*

Notion de catégorie d'établissements publics
Cons. const., 25 juill. 1979, n° 79-108 L, ANPE, Nature juridique des dispositions des articles L. 330-1 à L. 330-9 du Code du travail relatifs à l'Agence nationale pour l'emploi

Considérant que doivent être regardés comme entrant dans une même catégorie, au sens de la disposition précitée, les établissements publics dont l'activité s'exerce territorialement sous la même tutelle administrative et qui ont une spécialité analogue, mais qu'il n'y a pas lieu de retenir également parmi les critères déterminant l'appartenance d'établissements publics à une même catégorie la condition qu'ils présentent le même caractère : administratif, industriel et commercial, scientifique et technique ou scientifique et culturel : et cela en raison de ce que les règles constitutives d'un établissement public ne comportent pas nécessairement l'indication de ce caractère, qui peut au surplus être modifié par un acte réglementaire ; [...]

La création d'un établissement public dans une catégorie préexistante relève elle du pouvoir réglementaire.

2) Les différentes catégories d'établissement public

Il existe différentes manières de classifier les établissements publics. Il est ainsi possible de différencier les établissements publics suivant la personne publique de rattachement. Les ***établissements publics nationaux***, rattachés à l'État (SNCF, CNES...), se distinguent alors des ***services publics locaux*** rattachés à une collectivité territoriale (Centres communaux – ou intercommunaux – d'action sociale, Centres départementaux de gestion de la fonction publique, Office public de l'habitat...).

À cette distinction classique, il est désormais possible d'ajouter la catégorie des établissements publics territoriaux et notamment les établissements publics de coopération intercommunale qui bénéficient d'une pluralité de compétences (v. *infra intercommunalité*).

Les établissements publics peuvent également être classés en fonction de la nature du service public dont ils ont la charge.

N.B. : « Une activité constitue un service public quand elle est assurée, ou assumée par une personne publique en vue d'un intérêt public » (*R. Chapus, Droit administratif général, LGDJ, 2000, t. 1, p. 563*).

Les établissements publics administratifs (EPA) ont en charge un service public administratif (universités, hôpitaux...) et les ***établissements publics industriels et commerciaux*** un service public industriel et commercial (SNCF, Monnaie de Paris...). Les établissements administratifs sont en principe régis par le droit administratif et les établissements industriels et commerciaux essentiellement par le droit privé.

Dans le silence de la loi, la qualification d'établissement public administratif ou industriel et commercial est parfois complexe.

Ainsi, il existe des établissements publics ***à visage inversé*** c'est-à-dire qualifiés d'industriel et commercial alors qu'ils exercent une activité administrative (*T. confl., 24 juin 1968, Société distilleries bretonnes : Rec., p. 801*) afin d'en assouplir la gestion. Le juge est susceptible de requalifier l'établissement public, si sa qualification n'est pas législative.

Exemple : Fonds d'organisation et de régularisation des marchés agricoles.

Certains établissements publics sont dits ***à double visage*** car ils exercent à la fois des activités administratives et des activités industrielles et commerciales (*T. confl., 12 nov. 1984, Société Interfrost : RFDA, 1985, p. 250*).

Exemples : Chambre de commerce et d'industrie, Fonds d'intervention et d'organisation des produits de la pêche maritime et de la conchyliculture, Office national des forêts.

3) La crise des établissements publics

La prolifération des établissements publics conduit à ce qui est souvent qualifié de « crise des établissements publics ». Le recours systématique à cet instrument induit en effet l'extension et la complexification de la notion. Ainsi il existe aujourd'hui de nombreuses catégories d'établissement public.

d) Les groupements d'intérêt public

La loi du 15 juillet 1982 d'orientation et de programmation pour la recherche et le développement technologique a institué pour la première fois les groupements d'intérêt public afin de permettre la coopération entre personnes publiques et privées. Ils ont ensuite été étendus à d'autres domaines : enseignement supérieur, environnement, mécénat, valorisation des cultures énergétiques (ex. : Centre de recherche du château de Versailles, Cafés cultures...).

Du fait de leur prolifération, la loi du 17 mai 2011 de simplification et d'amélioration de la qualité du droit a rationalisé, dans une certaine mesure, le régime juridique des groupements d'intérêt public. Elle en a notamment posé une définition et consacré sa personnalité morale reconnue antérieurement par la jurisprudence *(T. confl., 14 févr. 2000, GIP Habitat et interventions sociales pour les mal-logés et les sans-abri c/Madame Verdier).*

L. n° 2011-525, 17 mai 2011, de simplification et d'amélioration de la qualité du droit, art. 98

Le groupement d'intérêt public est une personne morale de droit public dotée de l'autonomie administrative et financière. Il est constitué par convention approuvée par l'État soit entre plusieurs personnes morales de droit public, soit entre l'une ou plusieurs d'entre elles et une ou plusieurs personnes morales de droit privé.

Ces personnes y exercent ensemble des activités d'intérêt général à but non lucratif, en mettant en commun les moyens nécessaires à leur exercice.

Les collectivités territoriales et leurs groupements ne peuvent pas constituer entre eux des groupements d'intérêt public pour exercer ensemble des activités qui peuvent être confiées à l'un des organismes publics de coopération prévus à la cinquième partie du Code général des collectivités territoriales (v. *infra*), à l'exception des activités de gestion des programmes opérationnels interrégionaux (...).

La loi détermine les mentions que doit contenir la convention constitutive devant être approuvée par l'État. Celles-ci sont relatives à l'organisation et au fonctionnement du GIP :

– la dénomination du groupement ;
– les nom, raison sociale ou dénomination, la forme juridique, le domicile ou le siège social de chacun des membres du groupement et, s'il y a lieu, son numéro unique d'identification et la ville où se trouve le greffe ou la chambre des métiers où il est immatriculé ;
– la durée, déterminée ou indéterminée, pour laquelle le groupement est constitué ;
– l'objet du groupement ;
– l'adresse du siège du groupement ;
– les règles de détermination des droits statutaires, de la contribution des membres aux charges du groupement et les conditions dans lesquelles ils sont tenus des engagements de celui-ci ;
– les règles concernant l'administration, l'organisation et la représentation du groupement ;
– les conditions dans lesquelles le groupement peut prendre des participations, s'associer avec d'autres personnes et transiger ;
– le régime comptable applicable – règles de droit public lorsque le groupement assure, à titre principal, la gestion d'une activité de service public administratif, règles de droit privé lorsque le groupement assure, à titre principal, la gestion d'une activité de service public industriel et commercial ;
– les conditions d'emploi des personnels du groupement et le régime des relations du travail qui leur sont applicables ;
– les conditions d'adhésion des nouveaux membres et de retrait des membres ;
– éventuellement les conditions de nomination, les conditions de rémunération, les attributions et l'étendue des pouvoirs d'un liquidateur en cas de dissolution du groupement.

e) Les autres personnes publiques

Il existe des personnes publiques qui ne relèvent d'aucune des catégories précédentes. Elles ne sont donc ni des collectivités territoriales, ni des établissements publics, ni des groupements d'intérêt public. Il s'agit des autorités publiques indépendantes et des autres personnes publiques *sui generis*.

Les ***autorités publiques indépendantes*** se sont ainsi vues doter de la personnalité morale par le législateur, afin de personnifier leur indépendance. La qualification d'autorité publique indépendante permet alors de les distinguer des autorités administratives indépendantes qui elles ne sont pas dotées de la personnalité morale (v. *infra*).

La ***Banque de France*** a été qualifiée de personne publique par le Tribunal des conflits sans que lui soit reconnue la qualité d'établissement public (*T. confl., 16 juin 1997, n° 03054, société La Fontaine de Mars SARL*). La « nature particulière » de la Banque de France a été par la suite explicitement reconnue par le Conseil d'État. Celui-ci considère en effet que si la Banque de France « constitue une personne publique chargée par la loi de missions de service public, elle n'a pas le caractère d'un établissement public, mais revêt une nature particulière et présente des caractéristiques propres » (*CE, 22 juin 2012, n° 332172, Monsieur Guy A.*).

La loi de programme n° 2006-450 du 18 avril 2006 pour la recherche a créé d'autres personnes publiques *sui generis*. Il s'agit de ***l'Institut de France ainsi que de l'Académie française, l'Académie des inscriptions et belles-lettres, l'Académie des sciences, l'Académie des beaux-arts et l'Académie des sciences morales et politiques qui le composent.*** Ces derniers sont des « personnes morales de droit public à statut particulier placées sous la protection du Président de la République » (art. 35) dont la mission est de contribuer à titre non lucratif au perfectionnement et au rayonnement des lettres, des sciences et des arts. Il est par ailleurs précisé que « l'Institut et les académies s'administrent librement », que « leurs décisions entrent en vigueur sans autorisation préalable » et « bénéficient de l'autonomie financière sous le seul contrôle de la Cour des comptes » (art. 36).

■ *Une place possible pour les personnes privées*

La fonction administrative peut être mise en œuvre par des personnes morales de droit privé. C'est le cas lorsque la personne privée est chargée de la gestion d'un service public (v. *supra, Établissement public*).

Le Conseil d'État a en effet admis dans son arrêt d'assemblée du 13 mai 1938, *Caisse primaire Aide et protection*, que les personnes privées pouvaient être chargées de la gestion de missions de service public. C'est notamment le cas des syndicats professionnels (*CE, sect., 13 janv. 1961, Magnier : Rec., p. 33*), les comités d'organisation (*CE, ass., 31 juill. 1942, Montpeurt : GAJA et CE, ass., 2 avr. 1943, Bouguen : GAJA*) et les ordres professionnels (CE, 31 juill. 1946, *Morand*) ou encore les centres régionaux de lutte contre le cancer (*T. confl., 20 nov. 1961, Centre régional de lutte contre le cancer Eugène Marquis : Rec., p. 879*).

Le choix d'une gestion déléguée à une personne privée, dont les modalités sont plus proches du droit commun, a pour objectif de faciliter le fonctionnement du service public.

La gestion d'un service public par une personne privée résulte soit d'une délégation unilatérale (réglementaire ou législative), soit d'une délégation contractuelle.

Dans le silence des textes, la jurisprudence (*CE, sect., 28 juin 1963, Narcy : Rec., p. 401 et CE, sect., 22 févr. 2007, APREI : Rec., p. 92*) a posé des critères permettant de déterminer si une personne privée a la charge d'une mission de service public.

Critères de détermination d'une personne privée en charge d'une mission de service public
CE, sect., 22 févr. 2007, *APREI*

Considérant qu'indépendamment des cas dans lesquels le législateur a lui-même entendu reconnaître ou, à l'inverse, exclure l'existence d'un service public, une personne privée qui assure une mission d'intérêt général sous le contrôle de l'administration et qui est dotée à cette fin de prérogatives de puissance publique est chargée de l'exécution d'un service public ; que, même en l'absence de telles prérogatives, une personne privée doit également être regardée, dans le silence de la loi, comme assurant une mission de service public lorsque, eu égard à l'intérêt général de son activité, aux conditions de sa création, de son organisation ou de son fonctionnement, aux obligations qui lui sont imposées ainsi qu'aux mesures prises pour vérifier que les objectifs qui lui sont assignés sont atteints, il apparaît que l'administration a entendu lui confier une telle mission ; [...]

2 Unité et diversité du système administratif

L'organisation du système administratif conduit à une certaine diversité. Différents contrôles sont alors mis en place pour en garantir l'unité.

■ *Une possible diversité du système administratif*

Il existe plusieurs modalités d'organisation du système administratif, parfois cumulables. En effet, théoriquement, un État peut être : centralisé et concentré, centralisé et déconcentré, décentralisé et déconcentré, décentralisé et concentré.

Dans un système administratif ***centralisé***, le pouvoir de décision est détenu par des autorités compétentes pour l'ensemble du territoire de l'État. Toutes les décisions sont prises au nom d'une seule et même personne morale : l'État.

La ***concentration*** désigne un système administratif dans lequel le pouvoir de décision n'est détenu et exercé que par les autorités les plus élevées hiérarchiquement. À l'inverse, la ***déconcentration (ou centralisation imparfaite)*** se caractérise, au sein de la même personne morale, par le transfert de certains pouvoirs de décision des autorités les plus élevées hiérarchiquement à des autorités moins élevées (autorités déconcentrées). Les premières conservent néanmoins sur les secondes la qualité de supérieurs hiérarchiques et peuvent donc exercer à leur égard un contrôle hiérarchique. Les autorités déconcentrées exercent leur fonction dans des circonscriptions administratives déterminées (v. *infra*). Dans un État déconcentré, les autorités déconcentrées agissent au nom et pour le compte de l'État.

La ***décentralisation***, en tant que technique d'organisation administrative, consiste en la reconnaissance, à côté de l'État, de personnes publiques chargées de compétences administratives. Traditionnellement, la décentralisation territoriale est distinguée de la décentralisation fonctionnelle (ou par service).

Dans le cadre de la ***décentralisation territoriale***, les compétences sont transférées de l'État vers des personnes morales de droit public déterminées par référence à un territoire : les collectivités territoriales (v. *supra*). La ***décentralisation fonctionnelle*** consiste à transférer des compétences à des personnes morales de droit public définies par référence à une mission définie, par exemple les établissements publics. Les bénéficiaires des transferts de compétences bénéficient alors d'une certaine autonomie juridique, financière et administrative.

N.B. : Déconcentration et décentralisation ne doivent pas être confondues avec la délocalisation. La délocalisation est un correctif à la concentration consistant uniquement en un transfert géographique de services à l'intérieur de la même personne morale et au même niveau d'administration.

La France est un État unitaire, décentralisé et déconcentré. Le pouvoir de décision appartient aux autorités centrales, aux représentants de ces autorités dans le cadre de la déconcentration et à des personnes morales distinctes de l'État et en particulier aux collectivités territoriales dans le cadre de la décentralisation territoriale.

Cette situation nécessite la mise en place de contrôles pour permettre de garantir l'unité du système administratif.

■ *Les contrôles, garantie de l'unité du système administratif*

Différents types de contrôles doivent être envisagés : le contrôle hiérarchique exercé sur les autorités déconcentrées, le contrôle de tutelle à l'égard des personnes publiques spécialisées et le contrôle administratif de légalité exercé par l'État sur les collectivités territoriales.

a) Le pouvoir hiérarchique

Le pouvoir hiérarchique est détenu de plein droit par l'autorité supérieure c'est-à-dire qu'il peut intervenir même sans qu'un texte le prévoie (*CE, 30 juin 1950, Quéralt*). Il permet au supérieur hiérarchique d'intervenir à l'égard du comportement de ses subordonnés. Il est donc le garant de l'unité dans une organisation administrative centralisée parfaite ou imparfaite. L'autorité hiérarchique dispose :

- d'un ***pouvoir d'instruction*** qui permet au supérieur hiérarchique d'adresser des instructions, des ordres à ses subordonnés. Ces derniers sont tenus de s'y conformer sous peine de sanction disciplinaire ;
- d'un ***pouvoir de réformation des actes*** qui permet au supérieur hiérarchique de rectifier une décision ;
- d'un ***pouvoir d'annulation des actes*** qui permet au supérieur hiérarchique de faire disparaître un acte de ses subordonnés rétroactivement.

N.B. : Le pouvoir hiérarchique s'exerce au sein de la même personne morale.

b) Contrôle de tutelle

Le contrôle de tutelle est exercé essentiellement aujourd'hui par les personnes publiques fondamentales, État et collectivités territoriales, sur les personnes publiques spécialisées, en particulier les établissements publics (v. *supra*). Selon l'adage « pas de tutelle sans texte, pas de tutelle au-delà des textes », le pouvoir de tutelle n'existe que si un texte le prévoit et dans les limites et selon les modalités fixées par celui-ci (*CE, sect., 16 mars 1984 Broadie : Rec., p. 118*). Il ne se présume donc pas et porte uniquement sur la régularité des actes.

L'autorité de tutelle dispose malgré tout de manière certaine sur les actes contrôlés :

- d'un ***pouvoir d'approbation*** qui suppose que l'entrée en vigueur des décisions est subordonnée à l'accord de l'autorité de contrôle ;
- d'un ***pouvoir d'autorisation*** qui subordonne la prise de décision de l'autorité contrôlée à l'accord préalable de l'autorité de tutelle ;
- d'un ***pouvoir d'annulation*** qui permet à l'autorité de tutelle de faire disparaître un acte de l'autorité contrôlée rétroactivement ;
- d'un ***pouvoir de substitution d'action*** (dont l'existence est plus controversée) qui permet à l'autorité de contrôle d'agir au lieu et place de l'autorité contrôlée. La substitution d'action intervient en principe après une mise en demeure restée infructueuse dans l'hypothèse où l'autorité contrôlée ne veut (ou ne peut) pas agir.

N.B. : La tutelle règle les rapports entre deux personnes morales distinctes.

L'autorité de tutelle ne dispose pas du pouvoir d'instruction ou de réformation qui existent dans le cadre du pouvoir hiérarchique.

c) Le contrôle de l'État sur les collectivités territoriales

Afin de garantir l'unité et l'indivisibilité de la République, l'État exerce un contrôle spécifique sur les collectivités territoriales infra-étatiques. Il s'agit en particulier du contrôle administratif de légalité et des contrôles budgétaire et de gestion, qui font l'objet d'une analyse approfondie par la suite (v. *infra,* les collectivités territoriales de la République).

Schéma explicatif-récapitulatif des différents contrôles

Pouvoir hiérarchique

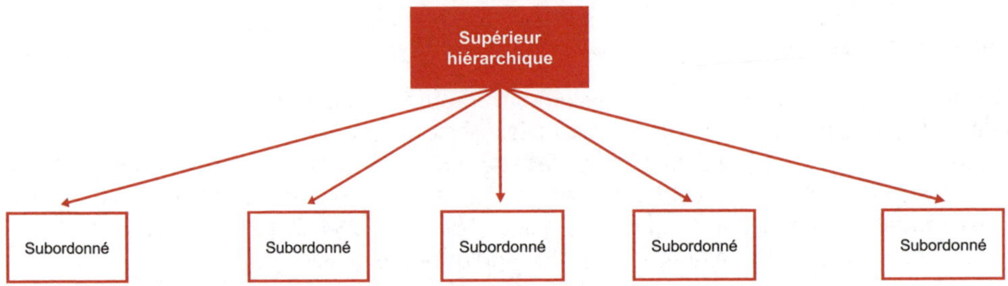

Le pouvoir hiérarchique s'exerce au sein de la même personne morale.

Le pouvoir hiérarchique existe de plein droit c'est-à-dire qu'il existe même sans texte.

Contrôle de tutelle

La tutelle règle des rapports entre deux personnes morales.

Pas de tutelle sans texte, pas de tutelle au-delà des textes.

Contrôle de l'État sur les collectivités territoriales

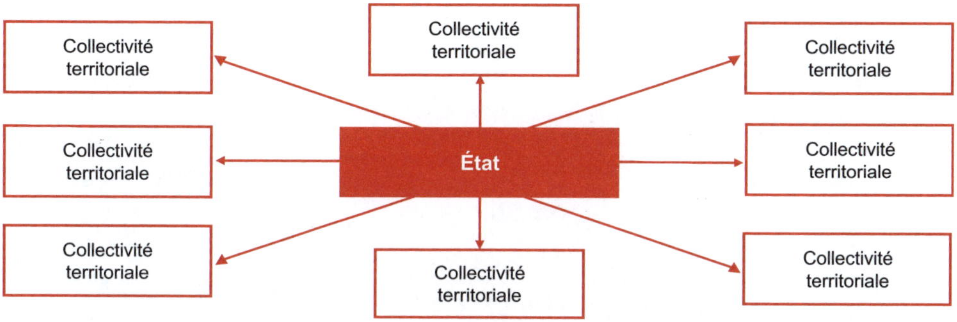

Contrôle de l'État (personne morale) sur les collectivités territoriales (personnes morales).

Contrôle prévu par le texte constitutionnel (art. 72 al.5).

Rôle fondamental du préfet et du juge administratif (contrôle administratif de légalité) ; du préfet et de la Chambre régionale des comptes (contrôle budgétaire et de gestion).

Chapitre 2

Les relations entre l'administration et le pouvoir politique

L'administration est au service du pouvoir politique. Elle lui est donc en principe subordonnée. Cela emporte plusieurs conséquences telles la nécessaire continuité et efficacité de l'action administrative ou encore sa limitation.

1 La subordination de principe de l'administration

La représentation politique – Parlement, Gouvernement, Président de la République – est théoriquement l'expression de la volonté générale. L'administration a un rôle d'exécution des orientations politiques. En tant qu'instrument du pouvoir politique elle lui est donc subordonnée.

La subordination de l'administration au politique, présente dès la Constitution de 1791, est prévue et affirmée sans ambiguïté dans la Constitution de 1958 à l'article 20.

Constitution de 1791

Chapitre IV – De l'exercice du pouvoir exécutif – Article 1. – Le Pouvoir exécutif suprême réside exclusivement dans la main du roi. – Le roi est le chef suprême de l'administration générale du royaume : le soin de veiller au maintien de l'ordre et de la tranquillité publique lui est confié. – Le roi est le chef suprême de l'armée de terre et de l'armée navale. – Au roi est délégué le soin de veiller à la sûreté extérieure du royaume, d'en maintenir les droits et les possessions.

Constitution du 4 octobre 1958, art. 20

Le Gouvernement détermine et conduit la politique de la nation. Il dispose de l'administration et de la force armée. (...)

La subordination de l'administration trouve sa principale explication dans le fait que les institutions administratives n'ont de finalité que dans l'exercice de leur activité d'intérêt général. Or ce dernier est défini par les organes politiques. En schématisant, il est donc possible d'affirmer que « toute décision administrative est donc directement ou indirectement issue de la volonté politique ».

La subordination de l'administration au pouvoir politique n'est cependant pas absolue. Ainsi, l'administration bénéficie d'une certaine autonomie, qui évite sa politisation, liée au statut des fonctionnaires basé sur le système de la carrière.

2 La nécessaire continuité et efficacité de l'action administrative

La continuité de l'État implique la continuité de l'existence d'activités d'intérêt général à satisfaire et de maintien de l'ordre public. Elle nécessite donc la continuité de l'activité administrative qui en est le corollaire. La gestion des affaires publiques ne peut en effet être envisagée de façon intermittente.

L'évolution de l'intérêt général nécessite par ailleurs une évolution permanente de l'action administrative et la recherche de son efficacité dans un contexte budgétaire de plus en plus contraint. C'est la raison pour laquelle l'administration est un fourneau à réformes dans un but affirmé d'adaptation, de simplification, de transparence, d'efficacité ou encore d'accessibilité.

Les réformes récentes de l'action publique

Révision générale des politiques publiques (RGPP), 2007-2012 : « passer en revue toutes les missions de l'État pour adapter les politiques menées aux besoins des citoyens, valoriser le potentiel humain de l'administration et dégager des marges de manœuvre permettant de financer les nouvelles politiques dont la France a besoin » (Lettre de mission du Premier ministre aux ministres du 18 mars 2008).

La Modernisation de l'action publique (MAP), 2012-2017 : la Modernisation de l'action publique a succédé à la RGPP en 2012. Celle-ci, qui tente d'impliquer davantage les agents et les usagers dans la réforme, retient différents objectifs : simplifier l'action publique, mesurer la qualité du service public, accélérer la transition numérique, évaluer pour moderniser les politiques publiques, intégrer les agences et les opérateurs dans la modernisation de l'action publique.

Programme Action Publique 2022, 2017-... : la MAP a été remplacée par le programme Action Publique 2022 lancé fin 2017. Celui-ci tend à transformer l'administration en trois points : améliorer la qualité des services publics, offrir un environnement de travail modernisé

aux fonctionnaires et maîtriser les dépenses publiques en optimisant les moyens.
Cette démarche repose sur différents principes tendant à intégrer les expériences des réformes précédentes :
- un périmètre toutes administrations publiques : l'État et ses opérateurs, les administrations de sécurité sociale, les collectivités territoriales ;
- une responsabilisation des ministères en tant que « chefs de file » des politiques publiques qu'ils conduisent ;
- la priorité donnée à la transformation numérique des administrations, notamment pour atteindre l'objectif fixé par le président de la République de 100 % de services publics dématérialisés à horizon 2022 ;
- des moyens inédits pour la transformation publique, avec la mobilisation d'un fonds dédié de 700 millions d'euros sur les 5 années à venir, dont 200 millions d'euros dès 2018 ;
- l'implication des agents publics et des usagers du service public tout au long de la démarche, pour recueillir leurs propositions ;
- un portage politique de haut niveau par le Président de la République et le Premier ministre.

Le programme Action publique 2022 est réalisé en deux phases

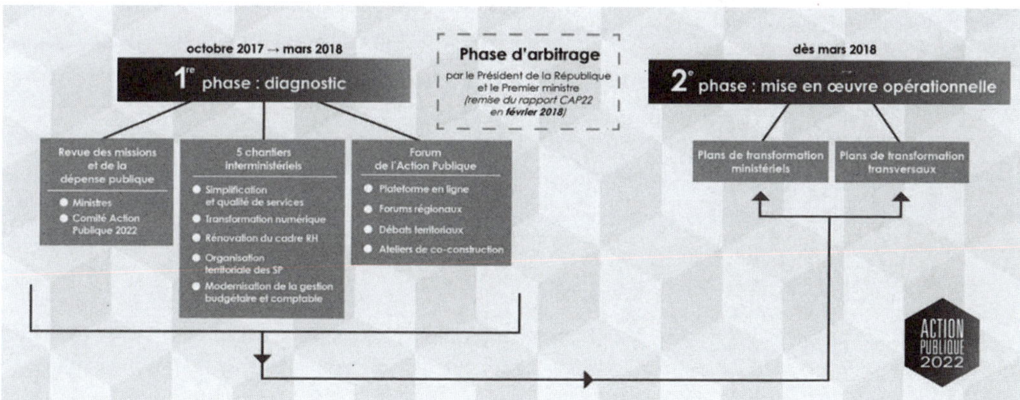

Source : https://www.modernisation.gouv.fr/action-publique-2022

3 Les limites de l'action administrative

L'action administrative est limitée par la subordination de l'administration au pouvoir politique, par sa soumission au droit, par les conditions parfois contraintes de son régime juridique et de sa mise en œuvre (ex. : régime de la propriété publique). Cela justifie qu'elle fasse l'objet de contrôles.

PARTIE 2 L'administration centrale de l'État

Chapitre 3 - **Les organes de direction** 35
Chapitre 4 - **Les autorités de régulation** 53
Chapitre 5 - **Les organes de consultation** 57
Chapitre 6 - **Les organes de contrôle** 67

Les rôles des administrations centrales de l'État ont été reprécisés en 2015 dans la charte de la déconcentration. Elles assurent ainsi « au niveau national, un rôle de conception, d'animation, d'appui des services déconcentrés, d'orientation, d'évaluation et de contrôle ».

Il existe donc des organes de direction, des autorités de régulation, des organes de consultation et de contrôle.

N.B. : Nombre d'organes constitutifs de l'administration centrale sont aussi des organes politiques. Il en est ainsi en particulier du président de la République, du Premier ministre et des membres du gouvernement.

Chapitre 3

Les organes de direction

Les structures de direction sont le président de la République, le Premier ministre et les membres du gouvernement.

1 Le président de la République

Le président de la République dispose de fonctions administratives, souvent partagées avec le Premier ministre. Les services de la présidence permettent d'exercer ses fonctions.

■ *Les attributions administratives du président de la République*

L'article 5 de la Constitution dispose que « le Président de la République veille au respect de la Constitution. Il assure, par son arbitrage, le fonctionnement régulier des pouvoirs publics ainsi que la continuité de l'État. Il est le garant de l'indépendance nationale, de l'intégrité du territoire et du respect des traités ». Outre ce rôle général d'arbitrage les attributions administratives du président dans le cadre des institutions de la Ve République sont essentiellement de deux ordres : décision et nomination.

a) Pouvoir de décision

Le président de la République préside le conseil des ministres (Const. 1958, art. 9). À ce titre, il signe les ordonnances et les décrets délibérés en Conseil des ministres (Const. 1958, art. 13). Le président de la République dispose donc d'un pouvoir réglementaire résiduel, le pouvoir réglementaire de principe appartenant au Premier ministre (Const. 1958, art. 21). La plupart des actes du chef de l'État doivent cependant faire l'objet d'un contreseing.

En vertu de l'article 16 de la Constitution, en cas de crise « lorsque les institutions de la République, l'indépendance de la nation, l'intégrité de son territoire ou l'exécution de ses engagements internationaux sont menacées d'une manière grave et immédiate et que le fonctionnement régulier des pouvoirs publics constitutionnels est interrompu, le Président de la République prend les mesures exigées par ces circonstances ». Les décisions présidentielles peuvent intervenir dans les matières législatives comme réglementaires, et sont uniquement dans ce dernier cas susceptibles de recours. Le choix de recourir à cet article de la Constitution est un acte de gouvernement insusceptible de recours (*CE, 2 mars 1962, Rubin de Servens : Rec., p. 143*).

b) Pouvoir de nomination

La Constitution prévoit les pouvoirs de nomination du président de la République.

1) Premier ministre et membres du Gouvernement

Constitution 1958, art. 8

Le Président de la République nomme le Premier ministre. Il met fin à ses fonctions sur la présentation par celui-ci de la démission du Gouvernement.

Sur la proposition du Premier ministre, il nomme les autres membres du Gouvernement et met fin à leurs fonctions. Le choix du Premier ministre, en principe discrétionnaire, est en pratique influencé par la réalité politique du moment, concordance des majorités ou cohabitation. Le choix des membres du Gouvernement résulte lui d'une discussion et d'un accord entre le président de la République et le Premier ministre.

2) Emplois civils et militaires

L'article 13 de la Constitution dispose que le président de la République « nomme aux emplois civils et militaires ». Ce pouvoir de nomination est précisé par le texte constitutionnel, et des lois organiques.

Ainsi, sont nommés en Conseil des ministres : les conseillers d'État, le grand chancelier de la Légion d'honneur, les ambassadeurs et envoyés extraordinaires, les conseillers maîtres à la Cour des comptes, les préfets, les représentants de l'État dans les collectivités d'outre-mer régies par l'article 74 et en Nouvelle-Calédonie, les officiers généraux, les recteurs des académies, les directeurs des administrations centrales (Const. 1958, art. 13, al. 3) mais encore le procureur général près la Cour des comptes (Ord. n° 58-1136, 28 nov. 1958, portant loi organique concernant les nominations aux emplois civils et militaires de l'État, art. 1).

Le président de la République nomme directement : les membres du Conseil d'État et de la Cour des comptes, les magistrats de l'ordre judiciaire, les professeurs de l'enseignement supérieur, les officiers des armées de terre, de mer et de l'air et les membres des corps dont le recrutement est normalement assuré par l'école nationale d'administration, les membres du corps préfectoral, les ingénieurs des corps techniques dont le recrutement est en partie assuré conformément au tableau de classement de sortie de l'école polytechnique (Ord. n° 58-1136, 28 nov. 1958, portant loi organique concernant les nominations aux emplois civils et militaires de l'État, art. 2).

Enfin, l'alinéa 5 de l'article 13 de la Constitution, inséré par la révision de 2008, prévoit un système particulier de nomination à certains emplois ou fonctions qui ont une importance particulière pour la garantie des droits et libertés ou la vie économique. Ainsi, le pouvoir de nomination du président de la République est encadré par les assemblées qui peuvent dans une certaine mesure « confirmer ou infirmer » son choix.

Constitution 1958, art. 13, al. 5

Une loi organique détermine les emplois ou fonctions, autres que ceux mentionnés au troisième alinéa, pour lesquels, en raison de leur importance pour la garantie des droits et libertés ou la vie économique et sociale de la Nation, le pouvoir de nomination du Président de la République s'exerce après avis public de la commission permanente compétente de chaque assemblée. Le Président de la République ne peut procéder à une nomination lorsque l'addition des votes négatifs dans chaque commission représente au moins trois cinquièmes des suffrages exprimés au sein des deux commissions. La loi détermine les commissions permanentes compétentes selon les emplois ou fonctions concernés.

La loi organique n° 2010-837 du 23 juillet 2010 relative à l'application du cinquième alinéa de l'article 13 de la Constitution a fixé la liste des emplois ou fonctions concernés par cette procédure. Il s'agit d'emplois de direction ou de présidence d'entreprises publiques, d'agences ou encore d'autorités administratives indépendantes.

Institution, organisme, établissement ou entreprise	Emploi ou fonction
Aéroports de Paris	Présidence-direction générale
Agence de financement des infrastructures de transport de France	Présidence du conseil d'administration
Agence française de développement	Direction générale
Office français de la biodiversité	Direction générale
Agence nationale de la cohésion des territoires	Direction générale
Agence de l'environnement et de la maîtrise de l'énergie	Présidence du conseil d'administration

Agence nationale pour la gestion des déchets radioactifs	Direction générale
Agence nationale pour la rénovation urbaine	Direction générale
Agence nationale de sécurité du médicament et des produits de santé	Direction générale
Agence nationale de sécurité sanitaire de l'alimentation, de l'environnement et du travail	Direction générale
Autorité de la concurrence	Présidence
Autorité de contrôle des nuisances sonores aéroportuaires	Présidence
Autorité des marchés financiers	Présidence
Autorité des normes comptables	Présidence
Autorité de régulation des transports	Présidence
Autorité de régulation des communications électroniques, des postes et de la distribution de la presse	Présidence
Autorité nationale des jeux	Présidence
Autorité de sûreté nucléaire	Présidence
Banque de France	Gouvernorat
Caisse des dépôts et consignations	Direction générale
Centre national d'études spatiales	Présidence du conseil d'administration
Centre national de la recherche scientifique	Présidence
Comité consultatif national d'éthique pour les sciences de la vie et de la santé	Présidence
Commissariat à l'énergie atomique et aux énergies alternatives	Administration générale
Commission d'accès aux documents administratifs	Présidence
Commission de régulation de l'énergie	Présidence du collège
Commission du secret de la défense nationale	Présidence
Commission nationale de contrôle des techniques de renseignement	Présidence

Commission nationale des comptes de campagne et des financements politiques	Présidence
Commission nationale de l'informatique et des libertés	Présidence
Commission nationale du débat public	Présidence
Commission prévue au dernier alinéa de l'article 25 de la Constitution	Présidence
Compagnie nationale du Rhône	Présidence du directoire
Conseil supérieur de l'audiovisuel	Présidence
Contrôleur général des lieux de privation de liberté	Contrôle général
Électricité de France	Présidence-direction générale
Haut conseil des biotechnologies	Présidence
Haut Conseil du commissariat aux comptes	Présidence
Collège du Haut Conseil de l'évaluation de la recherche et de l'enseignement supérieur	Présidence
Haute Autorité pour la transparence de la vie publique	Présidence
Haute Autorité de santé	Présidence du collège
Institut national de la recherche agronomique	Présidence
Institut national de la santé et de la recherche médicale	Présidence
Institut de radioprotection et de sûreté nucléaire	Direction générale
Institution nationale publique mentionnée à l'article L. 5312-1 du Code du travail (Pôle emploi)	Direction générale
Médiateur du crédit aux candidats et aux partis politiques	Médiateur
Météo-France	Présidence-direction générale
Office français de l'immigration et de l'intégration	Direction générale
Office français de protection des réfugiés et apatrides	Direction générale
Office national des forêts	Direction générale
Société anonyme Bpifrance	Direction générale
La Poste	Présidence du conseil d'administration

Régie autonome des transports parisiens	Présidence-direction générale
Société nationale SNCF	Direction générale
Voies navigables de France	Présidence du conseil d'administration

Par ailleurs, le président de la République peut déléguer son pouvoir de nomination aux emplois civils et militaires à l'exception de ceux prévus à l'article 13 alinéa 3.

■ *Les services de la présidence de la République*

Les services de la présidence de la République se sont renforcés à mesure du renforcement du président de la République sous la Ve République. Chaque président peut les organiser comme il le souhaite. Plusieurs structures principales peuvent cependant être identifiées : le Secrétariat général de la présidence de la République (ou Cabinet du président de la République) et l'état-major particulier.

Le Secrétariat général de la présidence de la République (appelé parfois « Cabinet du président de la République ») exerce une fonction d'animation et de coordination administrative et technique. Il assiste le Président dans sa prise de décision, participe à la préparation du conseil des ministres et suit les dossiers traités par les différents ministères. Le secrétaire général de l'Élysée, souvent considéré comme le plus proche collaborateur du président, dirige le Secrétariat général composé de conseillers techniques et de chargés de mission, parfois regroupés en pôles.

N.B. : Le ***cabinet du président de la République***, dans un sens étroit, est composé d'un directeur de cabinet, d'un chef de cabinet et de conseillers. Il est chargé d'une fonction d'animation politique. Ainsi, le directeur de cabinet assure notamment la gestion administrative et budgétaire de la présidence et la gestion du personnel. Le chef de cabinet gère en particulier le courrier, les réceptions, les déplacements et la protection du président.

L'état-major particulier assiste le président de la République et le conseil dans l'exercice de ses fonctions constitutionnelles de chef des armées (Const., art. 15) en lui permettant de prendre toute décision militaire importante. Il est composé d'officiers supérieurs de l'armée de terre, de l'air et de la marine ainsi que du médecin-chef de la présidence de la République.

Équipe du Président E. Macron (avril 2020)

Cabinet du Président de la République

Secrétaire général
Directeur de cabinet
Chef de l'état-major particulier
Conseiller diplomatique, sherpa G20, sherpa G7
Secrétaire générale adjointe
Conseiller spécial
Conseiller spécial
Conseiller mémoire
Directeur adjoint de cabinet, directeur général des services
Chef de cabinet
Chef de cabinet adjoint
Conseillère
Conseiller technique
Conseiller technique auprès de M. Pierre-Olivier Costa, conseiller spécial
Conseiller technique auprès du directeur adjoint de cabinet

Conseillers - ***Pôle régalien***

Conseiller intérieur, sécurité
Conseillère justice

Conseillers - ***Pôle économie***

Conseiller économie, finances, industrie
Conseiller fiscalité, prélèvements obligatoires et participations publiques
Conseiller technique industrie, commerce et artisanat
Conseiller technique macro-économie et politiques commerciales
Conseiller technique entreprises, attractivité et export
Conseiller technique financement de l'économie et investissements
Conseiller action publique et numérique

Conseillers - ***Pôle social et santé***

Conseiller social
Conseillère santé, handicap, personnes âgées
Conseillère solidarités, égalité femmes/hommes, lutte contre les discriminations

Conseillers - ***Pôle territoire***
Conseiller cohésion des territoires et logement
Conseiller technique logement

Conseillers - ***Pôle écologie, transports, énergie***
Conseiller énergie, environnement, transports et agriculture
Conseiller technique énergie
Conseiller technique écologie
Conseiller technique transports
Conseiller technique agriculture

Conseillers - ***Pôle éducation nationale, enseignement supérieur, recherche et innovation, sports, culture***
Conseiller éducation, enseignement supérieur, recherche et innovation
Conseillère culture et communication
Conseiller sport, JO 2024, engagement associatif, jeunesse

Conseillers - ***Pôle diplomatique***
Conseillère diplomatique adjointe
Conseiller Afrique
Conseillère technique Afrique, relations bilatérales
Conseiller Afrique du Nord, Moyen-Orient
Conseiller spécial
Conseiller technique Europe
Conseiller technique Europe
Conseiller affaires stratégiques, Europe continentale
Conseiller technique Asie et Amériques
Conseiller technique développement, G7/G20, coopération et action culturelle
Conseiller technique auprès du conseiller diplomatique

Conseillers - ***Pôle parlementaire***
Conseillère parlementaire
Conseiller parlementaire adjoint
Conseiller politique

Conseillers - ***Pôle communication***
Conseiller communication
Conseillère communication internationale
Conseiller opinion
Conseiller discours
Conseillère technique discours et communication

État-major particulier du Président de la République

Chef de l'état-major particulier
Adjoints au Chef de l'état-major particulier
Médecin-chef de la présidence de la République
Aides de camp :

Coordination nationale du renseignement et de la lutte contre le terrorisme
Coordonnateur national du renseignement et de la lutte contre le terrorisme
Coordonnateur adjoint du renseignement et de la lutte contre le terrorisme
Secrétaire général

Services de la Présidence de la République
Directeur général des services
Directrice des opérations
Directeur des ressources et de la modernisation
Directeur de la sécurité et commandant militaire de la présidence de la République
Directrice des services de communication
Chef du groupe de sécurité de la présidence de la République et directeur-adjoint de la sécurité de la présidence de la République
Protocole

Source : https://www.elysee.fr

2 Le Premier ministre

La Constitution dispose que « Le Gouvernement détermine et conduit la politique de la nation » et qu'« il dispose de l'administration et de la force armée ».

Au sein du Gouvernement elle accorde une place particulière au Premier ministre, en particulier s'agissant de ses attributions administratives.

Les attributions administratives du Premier ministre

Les attributions administratives du Premier ministre, prévues à l'article 21 de la Constitution sont importantes.

Constitution 1958, art. 21

Le Premier ministre dirige l'action du Gouvernement. Il est responsable de la défense nationale. Il assure l'exécution des lois. Sous réserve des dispositions de l'article 13, il exerce le pouvoir réglementaire et nomme aux emplois civils et militaires.

Il peut déléguer certains de ses pouvoirs aux ministres.

Il supplée, le cas échéant, le Président de la République dans la présidence des conseils et comités prévus à l'article 15.

Il peut, à titre exceptionnel, le suppléer pour la présidence d'un conseil des ministres en vertu d'une délégation expresse et pour un ordre du jour déterminé.

Les services du Premier ministre

Les services du Premier ministre sont nombreux. Ils attestent de sa place centrale dans l'administration française et correspondent aux fonctions qu'il exerce, principalement, coordination du travail gouvernemental, administration générale et développement et étude, pour conseiller le gouvernement dans ses choix politiques.

Services du Premier ministre (avril 2020)

Affaires sociales

Délégation interministérielle à l'hébergement et à l'accès au logement
Conseil national de l'insertion par l'activité économique
Haut Conseil de la famille, de l'enfance et de l'âge
Haut comité pour le logement des personnes défavorisées
Haut conseil à la vie associative
Conseil national des politiques de lutte contre la pauvreté et l'exclusion sociale (CNLE)

Autorités administratives indépendantes (AAI)

Commission d'accès aux documents administratifs (CADA)
Haute autorité à la transparence de la vie publique (HATVP)
Commission nationale de l'informatique et des libertés (CNIL)
Conseil supérieur de l'audiovisuel (CSA)
Défenseurs des droits (DDD)
Commission nationale consultative des droits de l'homme (CNCDH)
Comité consultatif national d'éthique pour les sciences de la vie et de la santé (CCNE)
Contrôleur général des lieux de privation de liberté

Coordination du travail gouvernemental

Secrétariat Général du Gouvernement (SGG)
Service d'information du Gouvernement (SIG)
Secrétariat général de la mer (SGMer)
Délégué et Comité interministériel aux Archives de France
Cabinet du Premier ministre et organismes rattachés
Mission interministérielle de lutte contre les drogues et les conduites addictives (MILDECA)
Commission pour l'indemnisation des victimes de spoliations (CIVS)
Comité Interministériel du Handicap (CIH)
Comité d'indemnisation des victimes des essais nucléaires (CIVEN
Commission Supérieure de Codification
Conseil National Consultatif des Personnes Handicapées (CNCPH)
Mission Cadres Dirigeants

Coordination territoriale

Reconstruction des îles de Saint-Barthélemy et Saint-Martin

Droits et libertés
Observatoire de la laïcité
Commission nationale d'orientation et d'intégration (CNOI)
Mission interministérielle de vigilance et de lutte contre les dérives sectaires (Miviludes)
Haut conseil à l'égalité entre les hommes et les femmes
Délégation Interministérielle à la Lutte Contre le Racisme, l'Antisémitisme et la Haine anti-LGBT (DILCRAH)
Délégation interministérielle pour l'égalité des chances des Français d'Outre-Mer

Économie
Conseil national de l'industrie
Secrétariat général pour l'investissement (SGPI)

Formation
École Nationale de l'Administration (ENA)

Information administrative
Direction de l'information légale et administrative (DILA)

Mémoire et distinctions
Grande chancellerie de la Légion d'Honneur
Conseil national des communes « Compagnon de la Libération »

Numérique
Direction interministérielle du numérique (DINUM)

Politique européenne & internationale
Secrétariat général des affaires européennes (SGAE)

Santé publique
Haut conseil du financement de la protection sociale

Sécurité et Défense
Secrétariat général de la défense et de la sécurité nationale (SGDSN)
Institut des hautes études de défense nationale (IHEDN)
Institut national des hautes études de la sécurité et de la justice (INHESJ)
Comité de la Filière industrielle de sécurité (CoFIS)
Groupement Interministériel de Contrôle (GIC)

Soutien
Direction des services administratifs et financiers (DSAF)

Stratégie et prospective
France Stratégie
Conseil d'orientation pour les retraites (COR-Retraites)
Conseil d'orientation pour l'emploi (COE)
Conseil d'analyse économique (CAE)
Centre d'études prospectives et informations internationales (CEPII)

Source : https://www.gouvernement.fr/les-services-du-premier-ministre

Le cabinet, le secrétariat général du gouvernement et le service d'information du gouvernement sont particulièrement importants s'agissant de la fonction de coordination du travail gouvernemental.

Le ***cabinet du Premier ministre*** est avant tout un organe politique comparable au secrétariat général de la présidence de la République. Composé d'un directeur de cabinet, d'un chef de cabinet, de conseillers techniques et de chargés de mission, il est chargé de suivre l'activité des différents secteurs ministériels. Le cabinet du Premier ministre comporte aussi une composante militaire chargée de l'assister en matière de défense nationale.

Le ***secrétariat général du gouvernement*** (SGG) est une institution administrative essentielle pour le bon fonctionnement et la régularité de l'action administrative. Il a en effet pour mission de coordonner l'organisation du travail gouvernemental et de veiller au respect des procédures législatives et réglementaires. Il prépare les conseils de coordination interministérielle, en particulier le conseil des ministres. Il conseille juridiquement le gouvernement ou encore supervise l'ensemble des services du Premier ministre.

Le ***service d'information du gouvernement*** (SIG) est placé sous l'autorité directe du Premier ministre. Il a en charge l'analyse de l'évolution de l'opinion publique et le traitement médiatique de l'action gouvernementale, l'information du grand public sur l'action du Premier ministre et du Gouvernement et le pilotage et la coordination au niveau interministériel de la communication gouvernementale.

À côté de ces services « catégorisés » comme permettant la coordination du travail gouvernemental peuvent être évoqués notamment le ***secrétariat général des affaires européennes*** (SGAE), chargé de la coordination interministérielle pour les questions européennes ainsi que pour les activités de l'Organisation de coopération et de développement économiques (OCDE), ou encore le ***secrétariat général de la défense et de la sécurité nationale*** (SGDSN) qui assiste le Premier ministre dans l'exercice de ses responsabilités en matière de défense nationale en liaison avec la présidence de la République.

3 Les membres du gouvernement

Le président de la République et le Premier ministre jouissent d'une grande liberté, tant politique que juridique, pour créer de nouveaux ministères lors de la composition du gouvernement. Cela permet de tenir compte des choix politiques du moment, valorisation de certaines politiques publiques ou rationalisation administrative par exemple. Un décret en Conseil des ministres pris après avis du Conseil d'État répartit les attributions entre les différents ministères.

Les membres du gouvernement sont les ministres d'État, les ministres, les ministres délégués et les secrétaires d'État. Le gouvernement étant un organe collégial et unitaire, il n'existe pas de hiérarchie juridique entre les membres malgré la différence de dénomination (ils seront d'ailleurs désignés par « ministre »).

Le ministre est à la tête d'une administration sur laquelle il exerce un pouvoir hiérarchique et qui lui permet de définir et de conduire une politique pour son ministère dans le cadre des orientations déterminées par le gouvernement.

■ *L'organisation interne des ministères*

Les services ministériels sont organisés selon un modèle hiérarchique et pyramidal sous l'autorité du ministre et de son cabinet (v. par exemple le ministère de l'Intérieur, www.interieur.gouv.fr/Le-ministere/Organisation).

Le ***cabinet du ministre***, composé d'un directeur, d'un chef de cabinet, de conseillers techniques et de chargés de mission, assiste le ministre dans les tâches qu'il choisit librement. Le cabinet assure une fonction politique et une fonction administrative en tant que lien entre le ministre et l'administration.

Sous la direction du ***secrétariat général*** chargé de l'animation et de la coordination du ministère, le ministère se compose de plusieurs ***directions*** qui correspondent soit à un secteur d'attribution du ministère, soit à une fonction de gestion interne. Les directions sont divisées en ***sous-directions*** (parfois regroupées en ***services***), elles-mêmes subdivisées en ***bureaux***.

Les ministères peuvent également comporter des **services à *compétence nationale*** qui sont tantôt rattachés directement à un ministre (création par décret), tantôt à un directeur d'administration centrale, à un chef de service ou à un sous-directeur (création par arrêté ministériel). Le décret n° 97-464 du 9 mai 1997 relatif à la création et à l'organisation des services à compétence nationale dispose que « les services à compétence nationale peuvent se voir confier des fonctions de gestion, d'études techniques ou de formation, des activités de production de biens ou de prestation de services, ainsi que toute autre mission à caractère opérationnel, présentant un caractère national et correspondant aux attributions du ministre sous l'autorité duquel ils sont placés ».

Organisation du ministère de la Culture au (avril 2020)

Services rattachés au ministre

Bureau du Cabinet
Collège de déontologie
Comité d'histoire du ministère de la Culture et des institutions culturelles
Commission de récolement des dépôts d'œuvres d'art
Conseil national de la Culture scientifique, technique et industrielle
Conseil national de l'enseignement supérieur et de la recherche artistiques et culturels
Conseil national de la recherche archéologique
Conseil de l'Ordre des Arts et des Lettres
Conseil supérieur des archives
Conseil supérieur de la propriété littéraire et artistique
Délégué à la protection des données
Haut Conseil de l'éducation artistique et culturelle
Inspection générale des affaires culturelles
Personne responsable de l'accès aux documents administratifs et des questions relatives à la réutilisation des informations publiques (PRADA)
Service du haut fonctionnaire de défense et de sécurité

Secrétariat Général

Cycle des hautes études de la Culture
Délégation à l'information et à la communication
Département de l'action territoriale
Département de la programmation et des moyens
Département de la stratégie et des moyens
Service des affaires financières et générales
Service des affaires juridiques et internationales
Service de la coordination des politiques culturelles et de l'innovation

Service des ressources humaines
Sous-direction des systèmes d'information
Direction générale des patrimoines
Département des affaires européennes et internationales
Département de la communication
Département de la formation scientifique et technique
Département de la politique des publics
Département du pilotage de la recherche politique
Département des systèmes d'informations patrimoniaux
Inspection des patrimoines

Mission de la sécurité, de la sûreté et de l'accessibilité
Service de l'architecture
Service interministériel des archives de France
Service des Musées de France
Service du Patrimoine
Sous-direction des affaires financières et générales
Direction générale de la création artistique
Délégation à la danse
Délégation à la musique
Délégation à la photographie
Délégation au théâtre

Mission de la communication
Inspection de la création artistique
Service des arts plastiques
Sous-direction de l'emploi, de l'enseignement supérieur et de la recherche
Sous-direction de la diffusion artistique et des publics
Sous-direction des affaires financières et générales
Direction générale des médias et des industries culturelles
Département des affaires financières et générales
Service du Livre et de la Lecture
Service des médias
Sous-direction du développement de l'économie culturelle
Délégation à la langue Française et aux langues de France

Bureau des affaires générales et financières
Mission développement et enrichissement de la langue
Mission emploi et diffusion de la langue Française
Mission langues de France et Outre-Mer
Mission langues et numérique
Mission sensibilisation et développement des publics

Services à compétences nationale (liste non exhaustive)
Archives nationales
Centre de recherche et de restauration des musées de France
Laboratoire de recherche des monuments historiques
Mobilier national et manufactures nationales des Gobelins, de Beauvais et de la Savonnerie
Musée national Marc-Chagall

Source : https://www.culture.gouv.fr

Les attributions administratives des ministres

Le ministre a autorité sur les services. Il participe en outre à l'exercice du pouvoir réglementaire.

a) L'autorité sur les services

L'autorité du ministre sur le service signifie d'abord qu'il représente l'État pour ce qui relève de son champ d'attributions (acte juridique, représentation de l'État en justice...), qu'il dirige les services placés sous son autorité et qu'en tant que chef de service il dispose du pouvoir d'organisation reconnu à tout chef de service (*CE, 7 févr. 1936, Jamart : Rec., p. 112*).

Il gère ensuite les finances du ministère et nomme, sur délégation, à certains emplois.

Enfin, il est titulaire du pouvoir hiérarchique (v. *supra*) sur l'ensemble des agents.

b) La participation à l'exercice du pouvoir réglementaire

Le ministre n'est pas titulaire, en principe du pouvoir réglementaire (v. *supra*). Il participe cependant à son exercice.

Le ministre peut d'abord exercer le pouvoir réglementaire sur délégation du Premier ministre et la loi peut lui attribuer dans certaines matières déterminées un tel pouvoir. Ensuite, le ministre contresigne les actes des titulaires du pouvoir réglementaire. Enfin, il peut édicter des lignes directrices qui traduisent un pouvoir d'orientation.

Chapitre 4

Les autorités de régulation

La fonction de régulation est une manière « d'aborder la gestion d'une activité en veillant à son bon fonctionnement dans le cadre de principes fixés, notamment par la loi » (H. Oberdorff, N. Kada). Elle s'est concrétisée en France en particulier par la création d'autorités administratives indépendantes. Cette qualification a été utilisée par le législateur pour la première fois pour la Commission nationale de l'informatique et des libertés en 1978.

La mise en place de ces autorités résulte de différents facteurs en particulier la volonté d'éviter l'intervention de l'administration classique de l'État dans des secteurs dits « sensibles » et la recherche de modalités d'action plus adaptées à ces derniers. Les ***autorités administratives indépendantes*** (AAI) ont en principe trois caractéristiques :

- il s'agit d'autorités. Elles disposent donc d'un pouvoir de décision (réglementaire et de sanction selon les cas et dans certaines limites) ;
- il s'agit d'autorités administratives. Elles ne sont donc pas dotées en principe de la personnalité juridique (contrairement aux autorités publiques indépendantes) et agissent au nom et pour le compte de l'État ;
- il s'agit d'autorités indépendantes. Elles ne sont donc pas soumises à la hiérarchie administrative bien que restant au sein de l'appareil étatique.

Les autorités administratives indépendantes se sont développées dans trois domaines : régulation d'un secteur d'activité, protection des droits et libertés et évaluation d'une activité ou d'une politique publique.

Devant le succès des autorités indépendantes et leur diversité il est apparu nécessaire d'établir un statut général (même si des spécificités sont reconnues au Défenseur des droits et au Contrôleur général des lieux de privation de liberté). C'est l'objet de la loi organique n° 2017-54 du 20 janvier 2017 relative aux autorités administratives indépendantes et autorités publiques indépendantes et de la loi n° 2017-55 du 20 janvier 2017 portant statut général des autorités administratives indépendantes et des autorités publiques indépendantes.

La législation pose des règles communes aux autorités administratives et publiques indépendantes. Celles-ci sont relatives à leur organisation, leur fonctionnement et leur déontologie.

D'abord, la compétence du législateur pour créer ces autorités est affirmée ; 25 autorités administratives et publiques indépendantes sont répertoriées (L. 2017 modifiée en 2019).

Liste des AAI

Autorité de contrôle des nuisances sonores aéroportuaires (ACNUSA)
Autorité de la concurrence
Autorité de régulation des communications électroniques et des postes et de distribution de la presse (ARCEP)
Autorité nationale des jeux (anciennement ARJEL)
Autorité de sûreté nucléaire (ASN)
Comité d'indemnisation des victimes des essais nucléaires (CIVEN)
Commission d'accès aux documents administratifs (CADA)
Commission de régulation de l'énergie (CRE)
Commission du secret de la défense nationale (CSDN)
Commission nationale de contrôle des techniques de renseignement (CNCTR)
Commission nationale de l'informatique et des libertés (CNIL)
Commission nationale des comptes de campagne et des financements politiques (CCFP)
Commission nationale du débat public (CNDP)
Contrôleur général des lieux de privation de liberté (CGLPL)
Défenseur des droits
Haute autorité pour la transparence de la vie publique (HATVP)
Haut conseil du commissariat aux comptes (H3C)
Haut conseil de l'évaluation de la recherche et de l'enseignement supérieur (HCERES)

Liste des API

Agence française de lutte contre le dopage (AFLD)
Autorité de régulation des transports (anciennement Arafer)
Autorité des marchés financiers (AMF)
Conseil supérieur de l'audiovisuel (CSA)
Haute autorité de santé (HAS)
Haute autorité pour la diffusion des œuvres et la protection des droits sur internet (HADOPI)
Médiateur national de l'énergie

Des dispositions précisent ensuite les règles relatives aux incompatibilités, aux mandats des membres (durée de 3 à 6 ans, mandat irrévocable et renouvelable qu'une fois) et aux conditions d'exercice de leur fonction (dignité, probité, intégrité et absence de conflit d'intérêts).

Enfin l'organisation et le fonctionnement des autorités sont détaillés (règlement intérieur, personnel, finances...) comme le contrôle auquel elles sont soumises. Elles doivent ainsi adresser chaque année, avant le 1er juin, au Gouvernement et au Parlement un rapport d'activité rendant compte de l'exercice de ses missions et de ses moyens.

Chapitre 5

Les organes de consultation

Les organes consultatifs sont nombreux et variés quant à leur dénomination ou leur statut. Ils peuvent être permanents ou provisoires et être placés tantôt auprès du Premier ministre ou d'un ministre, tantôt auprès du chef de l'État. Leurs attributions sont parfois générales, mais souvent spécialisées.

Ces organes permettent d'éclairer les autorités administratives dans leur prise de décision ou d'améliorer les décisions prises par des avis.

Exemples : Conseil de normalisation des comptes publics, Conseil supérieur des programmes, Conseil national de l'air, Conseil supérieur de la fonction publique, Conseil national de l'enseignement supérieur...

Plusieurs types d'avis doivent être distingués
- ***l'avis facultatif*** : avis donné spontanément ou demandé facultativement ;
- ***l'avis simple*** : avis devant être ***obligatoirement demandé*** avant la prise de décision mais ***l'avis peut ne pas être suivi*** par l'autorité qui prend la décision lors de la décision ;
- ***l'avis conforme*** : avis devant être ***obligatoirement demandé*** avant la prise de décision et ***devant être suivi*** par l'autorité qui prend la décision lors de la décision (si une décision est prise).

Au sein de ces organes consultatifs, le Conseil économique, social et environnemental et le Conseil d'État revêtent une importance particulière.

1 Le Conseil économique, social et environnemental

Le Conseil économique, social et environnement est un organe constitutionnel prévu aux articles 69 à 71 de la Constitution, dont le statut est précisé par une loi organique. Il s'agit d'une assemblée consultative auprès des pouvoirs publics. Il est à ce titre chargé, notamment à travers sa composition de :

- favoriser le dialogue et la collaboration entre les différentes catégories socio-professionnelles ;
- participer à l'élaboration de la politique économique, sociale et environnementale et conseiller le Gouvernement et le Parlement ;
- promouvoir le dialogue et la coopération avec les assemblées consultatives créées auprès des collectivités territoriales et auprès de ses homologues européens et étrangers ;
- contribuer à l'évaluation des politiques publiques à caractère économique, social et environnemental.

Pour remplir son rôle, il bénéficie d'attributions, d'une composition et d'une organisation spécifiques.

Attributions

Les attributions du Conseil économique, social et environnemental sont précisées dans l'ordonnance n° 58-1360 du 29 décembre 1958 portant loi organique relative au Conseil économique, social et environnemental (modifiée).

Ord. n° 58-1360, art. 2

Le Conseil économique, social et environnemental est obligatoirement saisi pour avis, par le Premier ministre, des projets de loi de plan et des projets de loi de programmation à caractère économique, social ou environnemental. Il peut être au préalable associé à leur élaboration.

Il peut être saisi pour avis, par le Premier ministre, des projets de loi de programmation définissant les orientations pluriannuelles des finances publiques, des projets de loi, d'ordonnance ou de décret ainsi que des propositions de loi entrant dans le domaine de sa compétence.

Il peut également être consulté, par le Premier ministre, le président de l'Assemblée nationale ou le président du Sénat, sur tout problème de caractère économique, social ou environnemental.

Il peut être saisi de demandes d'avis ou d'études par le Premier ministre, par le président de l'Assemblée nationale ou par le président du Sénat.

Ord. n° 58-1360, art. 3

Le Conseil économique, social et environnemental peut, de sa propre initiative, appeler l'attention du Gouvernement et du Parlement sur les réformes qui lui paraissent nécessaires.

Il contribue à l'évaluation des politiques publiques à caractère économique, social ou environnemental.

Ord. n° 58-1360, art. 4-1

Le Conseil économique, social et environnemental peut être saisi par voie de pétition de toute question à caractère économique, social ou environnemental.
La pétition est rédigée en français et établie par écrit. Elle est présentée dans les mêmes termes par au moins 500 000 personnes majeures, de nationalité française ou résidant régulièrement en France.
(...)
Dans un délai d'un an à compter de cette décision, le Conseil se prononce par un avis en assemblée plénière sur les questions soulevées par les pétitions recevables et sur les suites qu'il propose d'y donner.

■ *Composition et organisation*

Le Conseil économique, social et environnemental est composé au maximum de 233 membres représentant la société civile. Ces membres sont désignés pour cinq ans et ne peuvent accomplir plus de deux mandats consécutifs. La fonction de membre du CESE est incompatible avec le mandat de député, de sénateur, de représentant au Parlement européen ou encore de membre du Gouvernement, du Conseil constitutionnel, de membre d'une autorité administrative indépendante ou d'une autorité publique indépendante (sauf si la personne est désignée en cette qualité).

Répartition des 233 membres du CESE, représentants de la société civile

140 membres au titre de la vie économique et du dialogue social :
- 69 représentants des salariés ;
- 27 représentants des entreprises privées industrielles, commerciales et de services ;
- 20 représentants des exploitants et des activités agricoles ;
- 10 représentants des artisans ;
- 4 représentants des professions libérales ;
- 10 personnalités qualifiées choisies en raison de leur expérience dans le domaine économique, dont deux issues des entreprises publiques ainsi qu'une représentant les activités économiques françaises à l'étranger.

60 membres au titre de la cohésion sociale et territoriale et de la vie associative :
- 8 représentants de l'économie mutualiste, coopérative et solidaire non agricole ;
- 4 de la mutualité et des coopératives agricoles de production et de transformation ;
- 10 représentants des associations familiales ;
- 8 représentants de la vie associative et des fondations ;
- 11 représentants des activités économiques et sociales des départements et régions d'outre-mer, des collectivités d'outre-mer et de la Nouvelle-Calédonie ;
- 4 représentants des jeunes et des étudiants ;
- 15 personnalités qualifiées choisies en raison de leur expérience dans le domaine social, culturel, sportif ou scientifique, dans le secteur du logement social ou en raison de leur action en faveur des personnes handicapées ou des personnes retraitées.

33 membres au titre de la protection de la nature et de l'environnement :
- 18 représentants des associations et fondations agissant dans le domaine de la protection de la nature et de l'environnement ;
- 15 personnalités qualifiées choisies en raison de leur compétence en matière d'environnement et de développement durable, dont au moins trois dirigeants des entreprises ayant une activité significative dans ces matières.

Le Conseil économique social et environnemental comporte au maximum neuf sections pour l'étude des principaux problèmes de caractère économique social ou environnemental (art. 11) : section des affaires sociales et de la santé ; section du travail et de l'emploi ; section de l'aménagement durable des territoires ; section de l'économie et des finances ; section des affaires européennes et internationales ; section de l'agriculture, de la pêche et de l'alimentation ; section de l'environnement ; section de l'éducation, de la culture et de la communication ; section des activités économiques.

En plus de ces sections, des délégations permanentes et des commissions temporaires peuvent être créées au sein du Conseil pour l'étude de problèmes particuliers ou de questions dépassant le champ de compétence d'une section.

N.B. : Le projet de loi constitutionnelle pour un renouveau de la vie démocratique, comme celui de 2018 pour une démocratie plus représentative, responsable et efficace (abandonné), envisage de supprimer le Conseil économique, social et environnemental pour le remplacer par un Conseil de la participation citoyenne (chambre de la société civile dans le projet de 2018) auquel est attribué notamment trois fonctions. Il est ainsi chargé « d'organiser les consultations publiques nécessaires pour éclairer les pouvoirs publics sur les enjeux, en particulier économiques, sociaux et environnementaux, et les conséquences à long terme de leurs décisions » ; d'assurer « la participation du public au processus d'élaboration des projets d'aménagement ou d'équipement d'intérêt national » et enfin de donner son avis sur tous les projets de loi à caractère économique, social et environnemental ».

Article 9, Projet de loi constitutionnelle pour un renouveau de la vie démocratique, 2019

Le titre XI de la Constitution est ainsi rédigé :
« Titre XI « DE LA PARTICIPATION CITOYENNE
(...)
« *Art. 70.* – Le Conseil de la participation citoyenne est composé de représentants de la société civile dont le nombre ne peut excéder cent-cinquante-cinq.
« La loi organique fixe la composition du Conseil de la participation citoyenne, le nombre de ses membres et ses règles de fonctionnement.
« *Art. 70-1.* – Le Conseil de la participation citoyenne organise la consultation du public afin de lui permettre d'éclairer le Gouvernement et le Parlement sur les enjeux, en particulier économiques, sociaux et environnementaux, des décisions des pouvoirs publics et sur leurs conséquences à long terme. À cette fin, sur son initiative ou celle du Gouvernement, il peut réunir des conventions de citoyens tirés au sort, dans des conditions fixées par la loi organique.
« Le Conseil de la participation citoyenne assure la participation du public au processus d'élaboration des projets d'aménagement ou d'équipement d'intérêt national, dans des conditions fixées par la loi organique.
« *Art. 70-2.* – Le Conseil de la participation citoyenne est saisi des pétitions dans les conditions fixées par la loi organique. Il fait connaître au Gouvernement et au Parlement les suites qu'il propose d'y donner. La loi organique détermine les conditions dans lesquelles ces pétitions et les suites que le Conseil propose d'y donner sont examinées au sein des assemblées parlementaires.
« *Art. 71.* – Sauf en cas d'urgence, le Conseil de la participation citoyenne est consulté sur les projets de loi ayant un objet économique, social ou environnemental.
« Il peut être consulté par le Gouvernement sur les projets de loi de finances, les projets de loi de financement de la sécurité sociale, les projets de loi de programmation définissant les orientations pluriannuelles des finances publiques, les projets de loi pris en application des articles 38, 53, 72-5, 73 ou 74-1, ou tout autre projet de loi, d'ordonnance ou de décret.

« Il peut être consulté par les assemblées parlementaires sur les propositions de loi.
« Dans les cas prévus aux alinéas précédents, le Conseil de la participation citoyenne est consulté avant l'examen du texte par le Conseil d'État.
« Le Conseil de la participation citoyenne peut désigner un de ses membres pour exposer devant les assemblées parlementaires son avis sur les projets ou propositions qui lui ont été soumis.
« Il peut être consulté par le Gouvernement et le Parlement sur toute question à caractère économique, social ou environnemental.
« La loi organique détermine les conditions d'application du présent article. »

2 Le Conseil d'État

Le Conseil d'État a une double fonction. D'une part, il est conseiller du Gouvernement en vertu de l'article 39 de la Constitution, d'autre part il est l'échelon suprême de la juridiction administrative (v. *infra*).

La composition et l'organisation du Conseil d'État attestent de ce double rôle.

■ *Composition du Conseil d'État*

La composition du Conseil d'État est prévue par le Code de justice administrative.

CJA, art. L. 121-2

Le Conseil d'État se compose :
1° Du vice-président [qui assure la présidence effective du CE] ;
2° Des présidents de section [au nombre de 6] ;
3° Des conseillers d'État en service ordinaire [délibèrent et décident sur les affaires qui leur sont présentées] ;
4° Des conseillers d'État en service extraordinaire [nommés pour 5 ans en raison de leur qualification dans un domaine déterminé pour exercer des fonctions consultatives ou juridictionnelles] ;
5° Des maîtres des requêtes [préparent et rapportent sur les affaires] ;
6° Des maîtres des requêtes en service extraordinaire [nommés pour 4 ans, préparent et rapportent sur les affaires] ;

7° Des auditeurs de 1re classe [préparent les affaires] ;
8° Des auditeurs de 2e classe [préparent les affaires].

Les membres du Conseil d'État sont inscrits dans chaque grade d'après la date et l'ordre de leur nomination.

Les membres du Conseil d'État sont des fonctionnaires soumis en principe au statut général de la fonction publique. Celui-ci peut cependant être écarté si ses dispositions sont contraires aux règles du Code de justice administrative selon lesquelles, en particulier : « Les membres du Conseil d'État exercent leurs fonctions en toute indépendance, dignité, impartialité, intégrité et probité (...), se comportent de façon à prévenir tout doute légitime à cet égard (...) et veillent à prévenir ou à faire cesser immédiatement les situations de conflit d'intérêts ».

Les grades sont dans l'ordre hiérarchique croissant ; auditeur, maître des requêtes, conseiller d'État. Les membres du Conseil d'État sont traditionnellement issus de l'ENA et la progression de carrière se fait à l'ancienneté pour garantir leur indépendance. Cependant, cette voie d'accès n'est pas exclusive. En effet, ¼ au maximum des maîtres des requêtes et 1/3 des conseillers d'État sont nommés au tour extérieur ; sous réserve d'être âgé de trente ans et de justifier de dix ans de services publics tant civils que militaires pour les maîtres de requête et de quarante-cinq ans pour les conseillers d'État.

Organisation du Conseil d'État

Le Conseil d'État est composé, outre d'un secrétariat général qui en assure la gestion, de six sections administratives et d'une section du contentieux (v. *infra*), selon l'article L. 121-3 du Code justice administrative.

Pour sa fonction de conseiller du Gouvernement le Conseil d'État dispose de sections consultatives qui ont un champ de compétence particulier : section de l'intérieur, section des finances, section sociale, section de l'administration, section des travaux publics.

À ces sections s'ajoute la section du rapport et des études. Celle-ci est chargée de préparer le rapport annuel du Conseil d'État. Elle a également pour mission d'élaborer les propositions que le Conseil d'État, de sa propre initiative, adresse à l'attention des pouvoirs publics sur les réformes d'ordre législatif, réglementaire ou administratif qui lui paraissent conformes à l'intérêt général. Elle procède en outre à des études à la demande du Premier ministre ou à l'initiative du vice-président.

Organisation du Conseil d'État

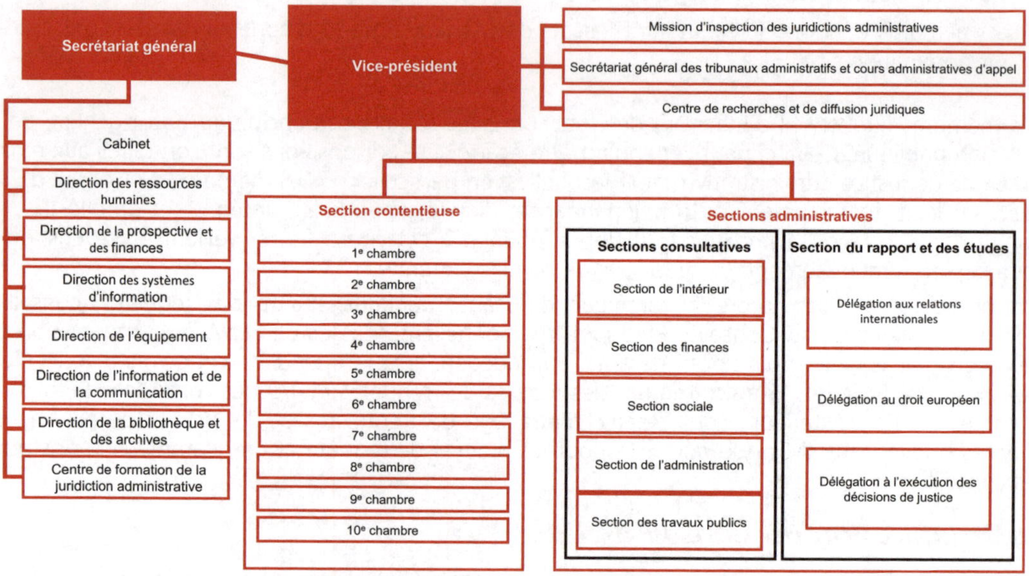

■ *Attributions consultatives du Conseil d'État*

Le Conseil d'État ***est obligatoirement saisi pour avis*** :
- pour les projets d'ordonnances (Const. 1958, art. 38 et 74-1) ;
- pour les projets de loi avant leur délibération en conseil des ministres (Const. 1958, art. 39) ;
- pour les décrets tendant à modifier des textes de forme législative dans des matières relevant du domaine réglementaire depuis la Constitution de 1958 (Const. 1958, art. 37 al. 2) ;
- pour les projets de décret et tout autre projet de texte pour lesquels son intervention est prévue par les dispositions constitutionnelles, législatives ou réglementaires ou qui lui sont soumis par le Gouvernement (CJA, art. L. 112-1).

Le Conseil d'État peut dans ces hypothèses remanier le texte soumis et adresser un autre texte au Gouvernement. Celui-ci peut alors soit retenir le texte adopté par le Conseil d'État, soit reprendre son projet initial.

Le Conseil d'État peut également émettre un avis sur les propositions de loi déposées sur le bureau de l'Assemblée nationale ou du Sénat et non encore examinées en commission, dont il est saisi par le président de cette assemblée (CJA, art. L. 112-1).

Enfin, le Premier ministre et les ministres peuvent consulter le Conseil d'État sur les difficultés en matière administrative (CJA, art. L. 112-2).

N.B. : Le Conseil d'État « peut, de sa propre initiative, appeler l'attention des pouvoirs publics sur les réformes d'ordre législatif, réglementaire ou administratif qui lui paraissent conformes à l'intérêt général » (CJA, art. L. 112-3).

Chapitre 6

Les organes de contrôle

L'État exerce un contrôle sur les autres personnes publiques, collectivités territoriales, personnes publiques spécialisées (v. supra). Il veille également au bon fonctionnement de ses propres structures et réalise alors une forme d'auto-contrôle. Le contrôle de l'administration peut être le fait du Parlement, d'autorités indépendantes ou encore de l'administration en interne ou de juridictions, en particulier administratives ou financières.

1 Les corps d'inspection et de contrôle

L'existence des corps d'inspection et de contrôle s'explique par la volonté (et la nécessité) pour l'État d'exercer un contrôle sur ses propres structures. Il existe de nombreuses inspections générales au sein de l'administration centrale. Il est possible de les distinguer en deux catégories : les inspections à vocation interministérielle et les inspections à vocation ministérielle.

Les ***inspections à vocation interministérielle*** sont rattachées à un ministère mais ont vocation à vérifier également le fonctionnement d'autres administrations. C'est le cas par exemple de l'inspection générale de l'administration rattachée au ministère de l'Intérieur ou encore de l'inspection générale des finances chargée de vérifier l'emploi des deniers publics.

Les ***inspections à vocation ministérielle*** sont rattachées à un ministère et sont destinées au contrôle de son fonctionnement. Il peut y avoir plusieurs corps d'inspection très spécialisés au sein d'un même ministère. Ainsi, au sein du ministère de l'Éducation nationale il existe l'inspection générale de l'éducation nationale et l'inspection générale de l'administration de l'éducation nationale.

Les contrôles s'effectuent *a posteriori* sur pièces et sur place et donnent lieu à un rapport.

N.B. : Les corps d'inspection assurent également une mission de conseil à la demande des administrations elles-mêmes.

2 Les juridictions administratives

La France possède la spécificité de disposer de deux ordres de juridictions dont la compétence dépend de la nature du litige et des parties au procès. Le Tribunal des conflits est chargé de trancher, le cas échéant, les conflits de compétences.

La séparation des ordres judiciaires et administratifs est le fruit d'une longue évolution. Elle découle également de choix politiques et d'une conception particulière de l'État, de son administration et de la séparation des pouvoirs.

L'ordre administratif est composé, outre de juridictions administratives spécialisées (Cour nationale du droit d'asile, certaines formations du Conseil national supérieur de la magistrature, du Conseil national de l'enseignement supérieur et de la recherche...), des tribunaux administratifs, des cours administratives d'appel et du Conseil d'État. Ces juridictions sont susceptibles d'accueillir différents recours juridictionnels.

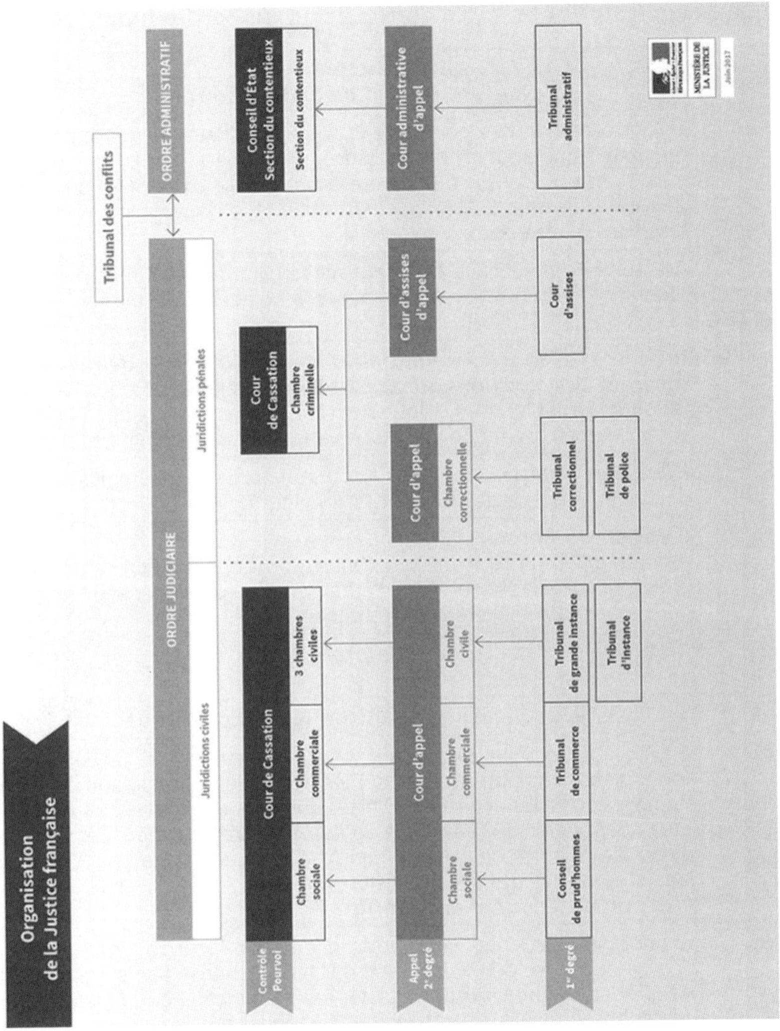
Organisation de la Justice française
Contrôle Pourvoi
Appel 2e degré
1er degré
Tribunal des conflits
ORDRE JUDICIAIRE
ORDRE ADMINISTRATIF
Juridictions civiles
Juridictions pénales
Cour de Cassation
Chambre sociale
Chambre commerciale
3 chambres civiles
Cour d'appel
Chambre sociale
Chambre commerciale
Chambre civile
Conseil de prud'hommes
Tribunal de commerce
Tribunal de grande instance
Tribunal d'instance
Cour de Cassation
Chambre criminelle
Cour d'appel
Chambre correctionnelle
Cour d'assises d'appel
Tribunal correctionnel
Tribunal de police
Cour d'assises
Conseil d'État Section du contentieux
Section du contentieux
Cour administrative d'appel
Tribunal administratif
MINISTÈRE DE LA JUSTICE
Juin 2017

Repères historiques sur la construction de l'ordre administratif

Justice retenue *Contestations au sein de l'administration*	
Édit de Saint Germain 1641	« Nous avons déclaré que notre Parlement de Paris, et toutes nos autres cours n'ont été établis que pour rendre la justice à nos sujets, leur faisons très expresses inhibitions et défenses de prendre connaissance à l'avenir d'aucunes affaires qui peuvent concerner l'État, l'administration et le gouvernement d'icelui que nous réservons à notre seule personne ».
Déclaration des droits de l'homme et du citoyen 1789	Art. 16 : « Toute Société dans laquelle la garantie des Droits n'est pas assurée, ni la séparation des Pouvoirs déterminée, n'a point de Constitution ».
L., 16-24 août 1790	Art. 13 : « ***Les fonctions judiciaires sont distinctes et demeureront toujours séparées des fonctions administratives***. Les juges ne pourront, à peine de forfaiture, troubler, de quelque manière que ce soit, les opérations des corps administratifs, ni citer devant eux les administrateurs pour raison de leurs fonctions ».
D., 16 fructidor an III (2 sept. 1795)	« Défenses itératives sont faites aux tribunaux de connaître des actes d'administration de quelque espèce qu'ils soient, aux peines de droit ».
Constitution du 22 frimaire an III (13 déc. 1799	***Création du Conseil d'État.*** Art. 52 : « Sous la direction des consuls, un Conseil d'État est chargé de rédiger les projets de loi et les règlements d'administration publique, et de résoudre les difficultés qui s'élèvent en matière administrative ».
L., 28 pluviôse an VIII (17 févr. 1800)	Art. 2 : création des ***conseils de préfecture***.
Passage de la justice retenue à la justice déléguée	
L., 24 mai 1872 portant réorganisation du Conseil d'État	Art. 9 : « Le Conseil d'État statue souverainement sur les recours en matière contentieuse administrative, et sur les demandes d'annulation pour excès de pouvoir formées contre les actes des diverses autorités administratives ». Cependant demeure le système de ***l'administrateur juge***. Les contestations doivent d'abord être portées devant le ministre, le Conseil d'État étant en quelque sorte le juge d'appel des décisions ministérielles. ***Création du Tribunal des conflits.***
T. confl., 8 févr. 1873, *Blanco*	Le principe selon lequel ***la compétence suit le fond*** pour déterminer la compétence de l'un ou l'autre des ordres de juridictions est posé par le Tribunal des conflits « Considérant que la responsabilité, qui peut incomber à l'État, pour les dommages causés aux particuliers par le fait des personnes qu'il emploie dans le service public, ne

	peut être régie par les principes qui sont établis dans le Code civil, pour les rapports de particulier à particulier ; Que cette responsabilité n'est ni générale, ni absolue ; qu'elle a ses règles spéciales qui varient suivant les besoins du service et la nécessité de concilier les droits de l'État avec les droits privés ; Que, dès lors, aux termes des lois ci-dessus visées, l'autorité administrative est seule compétente pour en connaître ».
Administration soumise au contrôle d'un organe juridictionnel séparé du pouvoir politique	
CE, 19 déc. 1889, *Cadot*	***Abandon de la théorie du ministre juge.*** « Considérant que, du refus du maire et du conseil municipal de Marseille de faire droit à la réclamation du sieur Cadot, il est né entre les parties un litige dont il appartient au Conseil d'État de connaître... »
Construction d'un ordre juridictionnel administratif	
D., 30 sept. 1953, portant réforme du contentieux	Transformation des conseils de préfecture en tribunaux administratifs.
L., 31 déc. 1987, portant réforme du contentieux administratif	Création des cours administratives d'appel.
Ancrage constitutionnel de la justice administrative	
Cons. const., 23 janv. 1987, Conseil de la concurrence	« 15. Considérant que les dispositions des articles 10 et 13 de la loi des 16 et 24 août 1790 et du décret du 16 fructidor An III qui ont posé dans sa généralité le principe de séparation des autorités administratives et judiciaires n'ont pas en elles-mêmes valeur constitutionnelle ; que, néanmoins, conformément à la conception française de la séparation des pouvoirs, figure au nombre des "principes fondamentaux reconnus par les lois de la République" celui selon lequel, à l'exception des matières réservées par nature à l'autorité judiciaire, relève en dernier ressort de la compétence de la juridiction administrative l'annulation ou la réformation des décisions prises, dans l'exercice des prérogatives de puissance publique, par les autorités exerçant le pouvoir exécutif, leurs agents, les collectivités territoriales de la République ou les organismes publics placés sous leur autorité ou leur contrôle 16. Considérant cependant que, dans la mise en œuvre de ce principe, lorsque l'application d'une législation ou d'une réglementation spécifique pourrait engendrer des contestations contentieuses diverses qui se répartiraient, selon les règles habituelles de compétence, entre la juridiction administrative et la juridiction judiciaire, il est loisible au législateur, dans l'intérêt d'une bonne administration de la justice, d'unifier les règles de compétence juridictionnelle au sein de l'ordre juridictionnel principalement intéressé ; »

■ Le Conseil d'État

En plus de ses attributions administratives (v. *supra*), le Conseil d'État a des attributions contentieuses. Celles-ci sont exercées au sein de la section du contentieux.

a) Attributions contentieuses

> CJA, art. L. 111-1
>
> Le Conseil d'État est la juridiction administrative suprême. Il statue souverainement sur les recours en cassation dirigés contre les décisions rendues en dernier ressort par les diverses juridictions administratives ainsi que sur ceux dont il est saisi en qualité de juge de premier ressort ou de juge d'appel.

L'article R. 311-1 dispose que le Conseil d'État est ***compétent pour connaître en premier et dernier ressort*** :

- des recours dirigés contre les ordonnances du Président de la République et les décrets ;
- des recours dirigés contre les actes réglementaires des ministres et des autres autorités à compétence nationale et contre leurs circulaires et instructions de portée générale ;
- des litiges concernant le recrutement et la discipline des agents publics nommés par décret du Président de la République en vertu des dispositions de l'article 13 (troisième alinéa) de la Constitution ;
- des recours dirigés contre les décisions prises par les organes des autorités suivantes, au titre de leur mission de contrôle ou de régulation :
  - l'Agence française de lutte contre le dopage,
  - l'Autorité de contrôle prudentiel et de résolution,
  - l'Autorité de la concurrence,
  - l'Autorité des marchés financiers,
  - l'Autorité de régulation des communications électroniques et des postes,
  - l'Autorité nationale des jeux [à compter de la première réunion de sons collège, art. 37, Décret 2020-199 du 4 mars 2020],
  - l'Autorité de régulation des transports ferroviaires,
  - l'Autorité de sûreté nucléaire,
  - la Commission de régulation de l'énergie,

- le Conseil supérieur de l'audiovisuel [en principe],
- la Commission nationale de l'informatique et des libertés,
- la Haute Autorité pour la transparence de la vie publique,
- la Commission nationale de contrôle des interceptions de sécurité ;

– des actions en responsabilité dirigées contre l'État pour durée excessive de la procédure devant la juridiction administrative ;

– des recours en interprétation et des recours en appréciation de légalité des actes dont le contentieux relève en premier et dernier ressort du Conseil d'État ;

– des recours dirigés contre les décisions ministérielles prises en matière de contrôle des concentrations économiques.

Selon l'article L. 311-3 du CJA, le Conseil d'État est également compétent en premier et dernier ressort pour connaître en particulier :

– des contentieux relatifs aux élections régionales et à l'assemblée de Corse ;

– des contentieux relatifs aux élections européennes ;

– des contentieux relatifs à certaines assemblées d'outre-mer.

Le Conseil d'État est également ***compétent en appel*** pour les contentieux relatifs aux élections municipales et cantonales (CJA, art. R. 321-1) et pour les questions préjudicielles en appréciation de la légalité ou en interprétation d'actes relevant de la compétence des tribunaux administratifs en premier ressort.

Le Conseil d'État est ensuite « ***seul compétent pour statuer sur les recours en cassation dirigés contre les décisions rendues en dernier ressort par toutes les juridictions administratives*** » (CJA, art. L. 331-1). Ainsi, il connaît des recours contre les décisions juridictionnelles des juridictions administratives spécialisées, contre les arrêts de cours administratives d'appel et des jugements des tribunaux administratifs statuant en premier et dernier ressort.

Le Conseil d'État dispose enfin, depuis 2001, de compétences en matière d'urgence. Le président de la section du contentieux et les conseillers d'État qu'il désigne sont juges des référés.

Affaires enregistrées (2018)

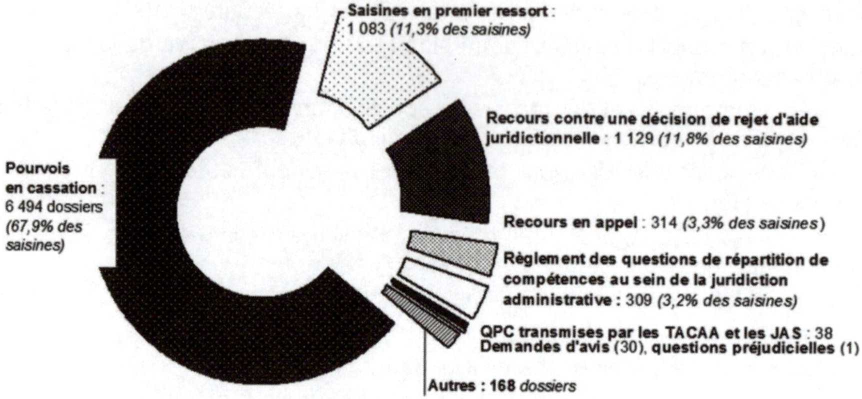

Source : Rapport d'activité du Conseil d'État (année 2018), 2019, p. 53.

b) Formations de jugement

La section du contentieux du Conseil d'État est composée d'un président, de trois présidents adjoints et de 10 chambres, chacune d'entre elles dotée d'un président, d'un secrétaire et de rapporteurs publics (anciennement dénommés « commissaires du gouvernement »). Ces derniers sont chargés de présenter à la formulation de jugement, en toute indépendance des conclusions proposant une solution à l'affaire. La juridiction demeure par la suite libre dans sa décision de suivre ou pas la position du rapporteur public.

Toutes les ***décisions du Conseil d'État statuant au contentieux ne sont pas rendues par la même formation de jugement.***

CJA, art. L. 122-1

« Les décisions du Conseil d'État statuant au contentieux sont rendues par l'assemblée du contentieux, par la section du contentieux, par des formations de chambres réunies ou par une chambre siégeant en formation de jugement. Elles sont en outre rendues, dans les cas définis au chapitre III bis du titre VII du livre VII, par la formation spécialisée prévue à l'article L. 773-2.

« Le président de la section du contentieux, les présidents adjoints de cette section, les présidents de chambre, le président de la formation spécialisée et les autres conseillers d'État que le président de la section du contentieux désigne à cet effet peuvent, par ordonnance, régler les affaires dont la nature ne justifie pas l'intervention d'une formation collégiale. »

Il existe donc plusieurs formations de jugement. Outre le ***juge unique*** (CJA, art. R. 122-12), qui règle les affaires ne nécessitant pas l'intervention d'une formation collégiale (acte des désistements, rejet des requêtes manifestement irrecevables...) et la ***formation spécialisée*** qui statue sur les requêtes concernant la mise en œuvre des techniques de renseignement soumises à autorisation et des fichiers intéressant la sûreté de l'État, il existe quatre formations de jugement qui diffère selon la difficulté des affaires et les enjeux de la décision à rendre.

Une ***chambre peut juger seule*** pour les affaires ne soulevant pas de difficultés particulières. Elle est alors composée de trois membres ayant voix délibérative au moins pour pouvoir statuer, le président et deux assesseurs (CJA, art. R. 122-14).

La formation de jugement la plus courante est celle des ***chambres réunies*** (de deux à quatre). Elle est alors présidée par l'un des présidents adjoints de la section du contentieux et comprend cinq (deux chambres réunies) ou sept membres (trois ou quatre chambres) ayant voix délibérative au moins (CJA, art. R. 122-16) pour pouvoir statuer.

La ***section du contentieux*** et ***l'assemblée du contentieux*** sont les formations solennelles du Conseil d'État qui jugent les affaires d'une importance remarquable. Elles assurent aussi l'unité de la jurisprudence :

- ***la section du contentieux*** est chargée de l'examen des affaires présentant une difficulté particulière ou remettant en cause une solution jurisprudentielle adoptée dans cette même formation. Elle est composée, dans sa formation de jugement de quinze membres : le président de la section, les trois présidents adjoints, les présidents de chambre et le rapporteur (CJA, art. R. 122-18). La section du contentieux ne peut statuer que si neufs de ses membres ayant voix délibérative sont présents et qu'en nombre impair ;

– ***l'assemblée du contentieux*** est la formation du plus haut niveau du Conseil d'État. Elle est réunie pour statuer sur les affaires exceptionnelles au regard de l'évolution du droit. Elle est composée de dix-sept membres : le vice-président du Conseil d'État qui préside la formation, les présidents de section, les trois présidents adjoints de la section contentieux, le président de la chambre sur le rapport de laquelle l'affaire est jugée, les quatre présidents de chambre les plus anciens en dehors du précédent et du rapporteur (CJA, art. R. 122-20).
L'assemblée du contentieux ne peut siéger que si neuf membres au moins sont présents et ne peut statuer qu'en nombre impair.

Affaires réglées par formation de jugement et ordonnances du président de la section du contentieux (2018)

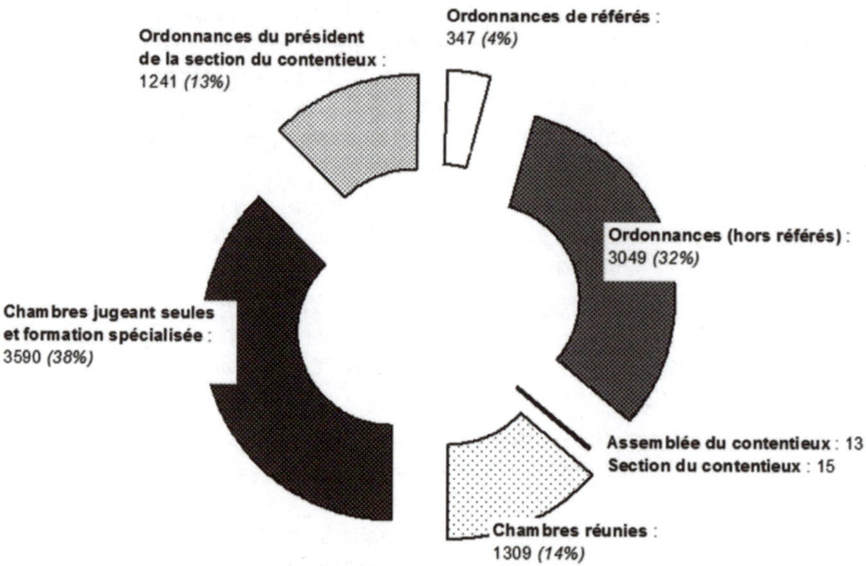

Source : *Rapport d'activité du Conseil d'État* (année 2018), 2019, p. 56.

Les cours administratives d'appel et les tribunaux administratifs

Afin de rapprocher la justice administrative du justiciable et de décharger le Conseil d'État, les tribunaux administratifs (42) et les cours administratives d'appel (8 : Bordeaux, Douai, Lyon, Marseille, Nancy, Nantes, Paris ou Versailles) ont été mis en place. Les tribunaux administratifs et les cours administratives d'appel sont désignés, en principe, par le nom de la ville où ils siègent (CJA, art. R. 221-1). Ces juridictions ont des attributions contentieuses et consultatives.

Elles sont composées de magistrats administratifs.

N.B. : L'implantation d'une neuvième cour administrative d'appel est prévue à Toulouse et doit ouvrir à la fin de l'année 2021.

a) Les attributions contentieuses des cours administratives d'appel et des tribunaux administratifs

Les ***tribunaux administratifs*** sont composés d'un président et de plusieurs chambres (CJA, art. R. 221-4 et s.), dont le nombre varie d'une juridiction à l'autre et qui est fixé par le vice-président du Conseil d'État (de 1 à 10 sauf TA Paris).

Les tribunaux administratifs rendent des jugements. Ils « sont, en premier ressort et sous réserve des compétences attribuées aux autres juridictions administratives, juges de droit commun du contentieux administratif » (CJA, art. L. 211-1) et statuent parfois en premier et dernier ressort.

En principe, sauf lorsqu'ils relèvent d'un magistrat statuant seul, les jugements des tribunaux administratifs sont rendus par formation de trois membres : président de chambre et 2 conseillers (dont un rapporteur). Il existe cependant d'autres formations de jugement, chambres réunies, exceptionnellement formation plénière et dans certains tribunaux formation élargie (CJA, art. R. 222-18 et s.).

Les ***cours administratives d'appel*** sont composées d'un président, conseiller d'État en service ordinaire, et de chambres (CJA, art. L. 221-3) dont le nombre varie d'une juridiction à l'autre et qui est fixé par le vice-président du Conseil d'État (de 3 à 9).

Les cours administratives d'appel rendent des arrêts. Elles connaissent des jugements rendus en premier ressort par les tribunaux administratifs, sous réserve des compétences attribuées aux autres juridictions. Elles statuent également parfois en premier et dernier ressort (CJA, art. L. 211-2).

Devant les cours administratives d'appel, les affaires sont jugées soit par une chambre siégeant en formation de jugement, soit par une formation de chambres réunies, soit par la cour administrative d'appel en formation plénière, qui délibèrent en nombre impair (CJA, art. R. 222-25). Une chambre est composée du président de chambre, d'un magistrat et d'un magistrat rapporteur.

La ***compétence territoriale*** des tribunaux administratifs et des cours administratives d'appel est déterminée par le Code de justice administrative suivant les litiges (CJA, art. R. 312-1 et s. : tribunal du siège de l'autorité qui a pris la décision attaquée ou signé le contrat litigieux, tribunal où s'est produit le fait dommageable en matière de responsabilité, tribunal où est situé l'immeuble pour les litiges portant sur des immeubles... et CJA, art. R. 3221 et s. pour les CAA).

b) Les fonctions consultatives des cours administratives et des tribunaux administratifs

Les tribunaux administratifs comme les cours administratives d'appel exercent également des fonctions consultatives. Ils donnent notamment leur avis sur les questions qui leur sont soumises par les préfets (CJA, art. L. 212-1 et R. 212-1 et s.).

c) Les magistrats administratifs

Les membres des tribunaux administratifs et des cours administratives d'appel sont des magistrats. Ils sont soumis aux dispositions statutaires de la fonction publique d'État. Celles-ci peuvent cependant être écartées si ses dispositions sont contraires aux règles du Code de justice administrative selon lesquelles, en particulier : « Les magistrats des tribunaux administratifs et des cours administratives d'appel exercent leurs fonctions en toute indépendance, dignité, impartialité, intégrité et probité », ils « s'abstiennent de tout acte ou comportement à caractère public incompatible avec la réserve que leur imposent leurs fonctions » et veillent à prévenir ou à faire cesser immédiatement les situations de conflit d'intérêts » (CJA, art. L. 231 et s.).

Les grades au sein du corps des magistrats des tribunaux administratifs et des cours administratives sont dans l'ordre hiérarchique croissant : président, premier conseiller, conseiller.

Les membres des tribunaux administratifs et des cours administratives d'appel sont recrutés par la voie de l'ENA et du concours d'accès direct. Ils sont environ 1 200 magistrats.

■ *Les recours juridictionnels*

Il existe différentes classifications des recours juridictionnels. La plus connue et la plus ancienne est celle posée par Léon Aucoc et Édouard Laferrière et repose sur les pouvoirs attribués aux juges. Cette classification conserve un intérêt pédagogique, bien qu'elle ne tienne pas compte du développement du ***contentieux de l'urgence*** et de ***l'évolution des pouvoirs du juge depuis son élaboration***. Elle distingue quatre types de contentieux :

- le ***contentieux de l'annulation*** dans lequel le juge ne peut qu'annuler le cas échéant la décision contestée ;

– le ***plein contentieux***, dans lequel le juge peut annuler, réformer une décision et prononcer des condamnations ;
– le ***contentieux de l'interprétation*** dans lequel le juge ne peut qu'interpréter les actes ;
– le ***contentieux de la répression***, dans lequel le juge condamne l'auteur d'une contravention de grande voirie.

3 Les juridictions financières : l'exemple de la Cour des comptes

Il existe différentes juridictions financières qui appartiennent à l'ordre administratif, la cassation relevant du Conseil d'État (ex. : la Cour de discipline budgétaire et financière). La plus importante est la Cour des comptes.

La mission de la Cour des comptes est posée dans la Constitution.

Constitution 1958, art. 47-2

La Cour des comptes assiste le Parlement dans le contrôle de l'action du Gouvernement. Elle assiste le Parlement et le Gouvernement dans le contrôle de l'exécution des lois de finances et de l'application des lois de financement de la sécurité sociale ainsi que dans l'évaluation des politiques publiques. Par ses rapports publics, elle contribue à l'information des citoyens.

Les comptes des administrations publiques sont réguliers et sincères. Ils donnent une image fidèle du résultat de leur gestion, de leur patrimoine et de leur situation financière.

■ *Composition*

La Cour des comptes est composée « du premier président, de présidents de chambre, de conseillers maîtres, de conseillers référendaires et d'auditeurs » (CJF, art. L. 112-1) Ces membres ont la qualité de magistrats et sont à ce titre inamovibles.

À ces membres peuvent être ajoutées des personnes dont l'expérience et l'expertise particulière sont nécessaires aux activités et missions de la cour. Elles peuvent alors être nommées conseillers maîtres en service extraordinaire ou conseillers référendaires en service extraordinaire dans la limite de six pour chaque catégorie. Ces membres ne peuvent pas exercer d'activité juridictionnelle.

La Cour des comptes comporte également un procureur général qui exerce le ministère public, assisté par un premier avocat général, des avocats généraux.

■ *Organisation*

Le Premier président assisté du secrétariat général assure sa direction générale de la Cour des comptes.

La Cour des comptes comporte sept chambres dans lesquelles sont répartis les magistrats financiers. Chaque chambre est spécialisée :

- chambre 1 : Compétences économiques et financières de l'État, financement de l'économie et institutions financières publiques, finances publiques et comptes de l'État, industrie, commerce et services, télécommunications ;
- chambre 2 : Énergie, transports, environnement, agriculture et mer ;
- chambre 3 : Éducation, jeunesse et sports, enseignement supérieur, recherche, culture et communication ;
- chambre 4 : Défense, sécurité intérieure, justice, affaires étrangères, pouvoirs publics constitutionnels et renseignement, services du Premier ministre, administration déconcentrée, finances publiques locales, appels des jugements des CRTC ;
- chambre 5 : Travail et emploi, ville et logement, cohésion des territoires, immigration et intégration, cohésion sociale et solidarité, générosité publique ;
- chambre 6 : Sécurité sociale, santé, secteur médico-social.

Chaque chambre est composée d'un président de chambre, des conseillers maîtres, des conseillers référendaires et des auditeurs.

À ces chambres s'ajoute le comité du rapport public et des programmes, présidé par le rapporteur général de la Cour qui a rang de président de chambre. Celui-ci prépare chaque année le Rapport public annuel remis au président de la République et au Parlement.

■ *Attributions*

Du fait de ses missions, les attributions de la Cour des comptes sont nombreuses. Elles peuvent être juridictionnelles et administratives.

a) Les attributions juridictionnelles

L'attribution juridictionnelle de la Cour des comptes consiste à juger les comptes des comptables publics (CJF, art. L. 111-1) et à statuer sur les appels formés contre les décisions juridictionnelles rendues par les chambres régionales et territoriales des comptes.

N.B. : Les comptes des collectivités territoriales sont jugés en premier ressort par les chambres régionales et territoriales des comptes et ces jugements peuvent être contestés devant la Cour. Les décisions de la Cour sont alors susceptibles d'un recours en cassation devant le Conseil d'État.

La Cour des comptes peut demander dans certaines hypothèses au procureur général de saisir la Cour de discipline budgétaire et financière. C'est notamment le cas lorsqu'à l'occasion d'un rapport ou du jugement des comptes d'un comptable il apparaît un manquement aux règles de gestion qui peut être reproché à un ordonnateur et qui remonte à moins de 5 ans.

b) Les attributions administratives

Les attributions administratives de la Cour des comptes ne conduisent pas en principe à une décision juridictionnelle.

Elle contrôle d'abord les comptes et la gestion en particulier sur les services de l'État et les autres personnes morales de droit public, les entreprises publiques, les institutions de la sécurité sociale (CJF, art. L. 111-2).

Elle contribue ensuite à l'évaluation des politiques publiques.

Elle certifie enfin les comptes. « En certifiant les comptes ou en rendant compte au Parlement de la qualité des comptes des administrations publiques dont elle n'assure pas elle-même la certification, la Cour des comptes s'assure que ces comptes sont réguliers, sincères, et donnent une image fidèle du résultat de leur gestion, de leur patrimoine et de leur situation financière ». Les différents rapports lui permettent donc de satisfaire sa mission d'assistance en particulier du Parlement.

PARTIE 3 L'administration territoriale de la République

Chapitre 7 - L'administration déconcentrée 85
Chapitre 8 - L'administration décentralisée 99
Chapitre 9 - Les collectivités territoriales de droit commun 111
Chapitre 10 - Les collectivités territoriales à statut dérogatoire 125
Chapitre 11 - La coopération locale 135

La loi du 6 février 1992 relative à l'administration territoriale de la République (*n° 92-125*) dispose que « l'administration territoriale de la République est assurée par les collectivités territoriales (v. *infra*) et par les services déconcentrés de l'État ».

Chapitre 7

L'administration déconcentrée

La déconcentration consiste pour l'État à attribuer des compétences à des autorités administratives placées à la tête de ses circonscriptions administratives locales. Celles-ci ne sont donc plus limitées à la seule exécution des décisions arrêtées au niveau central. Il leur est reconnu des compétences propres d'initiative et de décision.

La déconcentration constitue donc une décongestion interne à l'administration de l'État. Elle lui permet ainsi l'efficacité et la proximité administratives en désengorgeant les instances centrales de décision et en accompagnant la décentralisation. Elle contribue également à l'unité de la République, par le biais du pouvoir hiérarchique, l'État conservant ses compétences.

La déconcentration de l'État en France est le fruit d'une longue évolution.

Quelques repères historiques

Déconcentration classique : *Volonté uniquement de désengorger les ministères*	
L., 22 déc. 1789 D., 15 janv. 1790	Création des départements
L. 28 pluviôse an VIII	Mise en place des préfets de département
D., 25 mars 1852 et 13 avr. 1861 « décrets de décentralisation »	Rationalisation des pouvoirs des ministres et des préfets
D., 2 juin 1960	Création de la circonscription d'action régionale
D., 14 mars 1964	Mise en place des préfets de région
D., 13 nov. 1970	Déconcentration des décisions de l'État en matière d'investissements publics Déconcentration du contrôle financier sur les dépenses de l'État effectuées au plan local
L., 5 juill. 1972	Création et organisation des régions

Renouveau de la déconcentration : *- Principe de redistribution du pouvoir au sein de l'État ;* *- Recherche d'efficacité ;* *- Prise en compte affichée des objectifs de proximité et de subsidiarité (en part. à partir 2004)*	
L., 6 févr. 1992	Organisation territoriale de la République et Charte de la déconcentration
D., 15 janv. 1997	Déconcentration des décisions administratives individuelles
D., 29 avr. 2004	Statut des préfets
D., 16 févr. 2010	État recentré sur ces missions principales Renforcement du rôle du préfet et regroupement des services déconcentrés Régionalisation de la déconcentration
D., 7 mai 2015	Nouvelle charte de la déconcentration : rôle coordinateur de l'échelon régional confirmé, renforcement de la rationalisation, gestion déconcentrée des personnels de l'État des services déconcentrés.

La déconcentration constitue depuis la loi du 6 février 1992 « la règle générale de répartition des attributions et des moyens entre les échelons centraux et territoriaux des administrations civiles de l'État ».

La charte de la déconcentration de 2015 précise à cet égard que sont confiées aux administrations centrales « les seules missions qui présentent un caractère national ou dont l'exécution, en vertu de la loi, ne peut être déléguée à un échelon territorial ».

La charte de la déconcentration de 2015 définit la déconcentration, selon cette conception.

D. n° 2015-510, 7 mai 2015, portant charte de la déconcentration, art. 1, al. 1

La déconcentration consiste à confier aux échelons territoriaux des administrations civiles de l'État le pouvoir, les moyens et la capacité d'initiative pour animer, coordonner et mettre en œuvre les politiques publiques définies au niveau national et européen, dans un objectif d'efficience, de modernisation, de simplification, d'équité des territoires et de proximité avec les usagers et les acteurs locaux.

Les services déconcentrés, qualifiés de « services extérieurs » jusqu'en 1992, s'entendent alors comme des organes non centraux qui agissent dans le cadre d'une circonscription administrative. Un représentant de l'État coordonne ces services soumis au pouvoir hiérarchique.

1 La déconcentration territoriale : les circonscriptions administratives

La loi de 1992 relative à l'administration territoriale de la République prévoit que pour exercer leurs missions, les services déconcentrés des administrations civiles de l'État sont, en principe, la circonscription régionale, la circonscription départementale et la circonscription d'arrondissement. Le texte précise que l'évolution des limites des collectivités territoriales est sans incidence sur les circonscriptions administratives de l'État. En plus de ces circonscriptions doivent également être évoqués le canton et la commune.

■ *La circonscription régionale*

La France compte aujourd'hui 18 régions, 13 en métropole (L. n° 2015-29, 16 janv. 2015, relative à la délimitation des régions, aux élections régionales et départementales et modifiant le calendrier électoral) et 5 outre-mer.

Liste des régions

Régions métropolitaines	
Auvergne-Rhône-Alpes	Lyon
Bourgogne-Franche-Comté	Dijon
Bretagne	Rennes
Centre-Val de Loire	Orléans
Corse	Ajaccio
Grand Est	Strasbourg
Hauts-de-France	Lille
Île-de-France	Paris
Normandie	Rouen
Nouvelle-Aquitaine	Bordeaux
Occitanie	Toulouse
Pays de la Loire	Nantes
Provence-Alpes-Côte d'Azur	Marseille

Régions d'outre-mer	
Guadeloupe	Basse-Terre
Martinique	Fort-de-France
Guyane	Cayenne
La Réunion	Saint-Denis
Mayotte	Mamoudzou

L'administration régionale de l'État a été renforcée par le décret du 7 décembre 2015. La région est désormais un échelon essentiel de l'organisation déconcentrée.

D. n° 2015-510, 7 mai 2015, portant charte de la déconcentration, art. 5

Sauf disposition législative contraire ou exception prévue par décret en Conseil d'État, la circonscription régionale est l'échelon territorial :

1° De l'animation et de la coordination des politiques de l'État ;

2° De la mise en œuvre des politiques nationales et de l'Union européenne en matière d'emploi, d'innovation, de recherche, de culture, de statistiques publiques, de développement économique et social, et d'aménagement durable du territoire ;

3° De la coordination des actions de toute nature intéressant plusieurs départements de la région ;

4° De la conduite d'actions de modernisation des services déconcentrés dans les domaines de la simplification de leur activité administrative et de l'amélioration de leurs relations avec les usagers ;

5° De la définition du cadre stratégique de la politique immobilière des services déconcentrés de l'État.

Elle constitue également un échelon de programmation et de répartition des crédits de l'État ainsi que de contractualisation des programmes pluriannuels entre l'État et les collectivités locales.

L'État dispose dans la région de différents services dont le nombre a diminué en 2010 dans le cadre de la réforme territoriale de l'État.

Il n'y a désormais plus que cinq directions régionales sous l'autorité du préfet de région alors que par le passé presque tous les ministères avaient leur direction régionale. Il s'agit de :

– la direction régionale de l'alimentation de l'agriculture et de la forêt (DRAAF) ;

– la direction régionale des affaires culturelles (DRAC) ;

– la direction régionale de l'environnement, de l'aménagement et du logement (DREAL) ;
– la direction régionale des entreprises de la concurrence, de la consommation, du travail et de l'emploi (DIRECCTE) ;
– la direction régionale de la jeunesse, des sports et de la cohésion sociale (DRJSCS).

En principe, le siège des directions régionales est installé au chef-lieu de la région.

En plus de ces directions, il existe au niveau régional :

– les agences régionales de santé, chargées du pilotage régional du système de santé et de la régulation de l'offre de santé, dans les secteurs ambulatoire, hospitalier et médico-social ;
– les 17 régions académiques (C. éduc., art. R. 222-2) ;
– les directions régionales des finances publiques (D. n° 2009-707, 16 juin 2009, relatif aux services déconcentrés de la direction générale des finances publiques).

Schéma de l'administration régionale de l'État

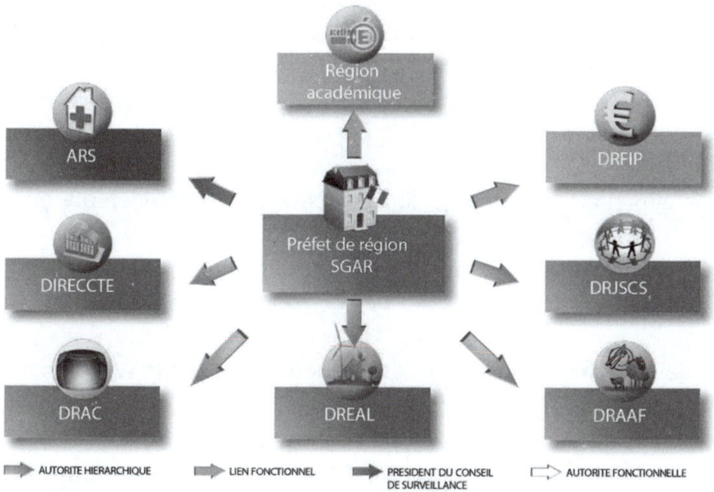

SGAR : Secrétariat Général pour les Affaires Régionales • DRAC : Direction Régionale des Affaires Culturelles • DREAL : Direction Régionale de l'Environnement, de l'Aménagement et du Logement • DRAAF : Direction Régionale de l'Alimentation, de l'Agriculture et de la Forêt • DRJSCS : Direction Régionale de la Jeunesse, des Sports et de la Cohésion Sociale • DIRECCTE : Direction Régionale des Entreprises, de la Concurrence, de la Consommation, du Travail et de l'Emploi • DRFIP : Direction Régionale des Finances Publiques • ARS : Agence Régionale de Santé

Source : http://www.prefectures-regions.gouv.fr, 18 novembre 2015

■ *La circonscription départementale*

La circonscription départementale, issue de la Révolution, demeure le cadre géographique de principe des services déconcentrés de l'État. Elle est en effet, sauf disposition contraire, l'échelon territorial de mise en œuvre des politiques nationales et de l'Union européenne (D. n° 2015-510, 7 mai 2015, portant charte de la déconcentration, art. 6).

La réforme générale des politiques publiques a cherché à rationaliser les services départementaux de l'État.

Les services déconcentrés de l'État dans le département sont organisés en direction départementale interministérielle relevant du Premier ministre et placés sous l'autorité directe du préfet.

Depuis le décret n° 2009-1484 du 3 décembre 2009 relatif aux directions départementales interministérielles, il existe dans chaque département, en fonction de leur démographie, soit deux, soit trois directions départementales interministérielles :

- la direction départementale des territoires (ou, dans les départements du littoral, la direction départementale des territoires et de la mer) compétente en matière de politiques d'aménagement et de développement durable des territoires ;
- la direction départementale de la cohésion sociale compétente en matière de politiques de cohésion sociale et de politiques relatives à la jeunesse, aux sports, à la vie associative et à l'éducation populaire ;
- la direction départementale de la protection des populations compétente en matière de politiques de protection de la population.

Dans les départements de moins de quatre cent mille habitants, les deux dernières directions n'en font qu'une : la direction départementale de la cohésion sociale et de la protection des populations.

N.B. : Les services de la préfecture relèvent des attributions du préfet (v. *infra*).

- En plus des directions départementales interministérielles demeurent comme autorités déconcentrées dans le cadre du département en particulier :
- la direction départementale des finances publiques (D. n° 2009-707, 16 juin 2009, relatif aux services déconcentrés de la direction générale des finances publiques, art. 1 et 2) ;
- la direction académique des services de l'éducation nationale (C. éduc., art. R. 222-24 et s.) ;
- les directions départementales de la sécurité publique (D. n° 2008-633, 27 juin 2008, relatif à l'organisation déconcentrée de la direction centrale de la sécurité publique, art. 1).

Les autres circonscriptions administratives

À côté des départements et des régions, il existe d'autres circonscriptions administratives en particulier l'arrondissement, le canton et la commune.

L'***arrondissement*** est une subdivision du département (CGCT, art. L. 3113-1). Il est en principe le cadre territorial de l'animation du développement local et de l'action administrative locale de l'État.

Le ***canton*** est la circonscription électorale pour l'élection des conseillers départementaux (C. élect., art. L. 191). Il demeure parfois le ressort territorial de certains services étatiques comme la brigade de gendarmerie ou la perception financière.

Enfin, la ***commune*** constitue la circonscription administrative de proximité de l'État. Le maire y exerce en effet des compétences en qualité de représentant de l'État (v. *infra*).

Exemple : *l'organisation territoriale de la région Occitanie*

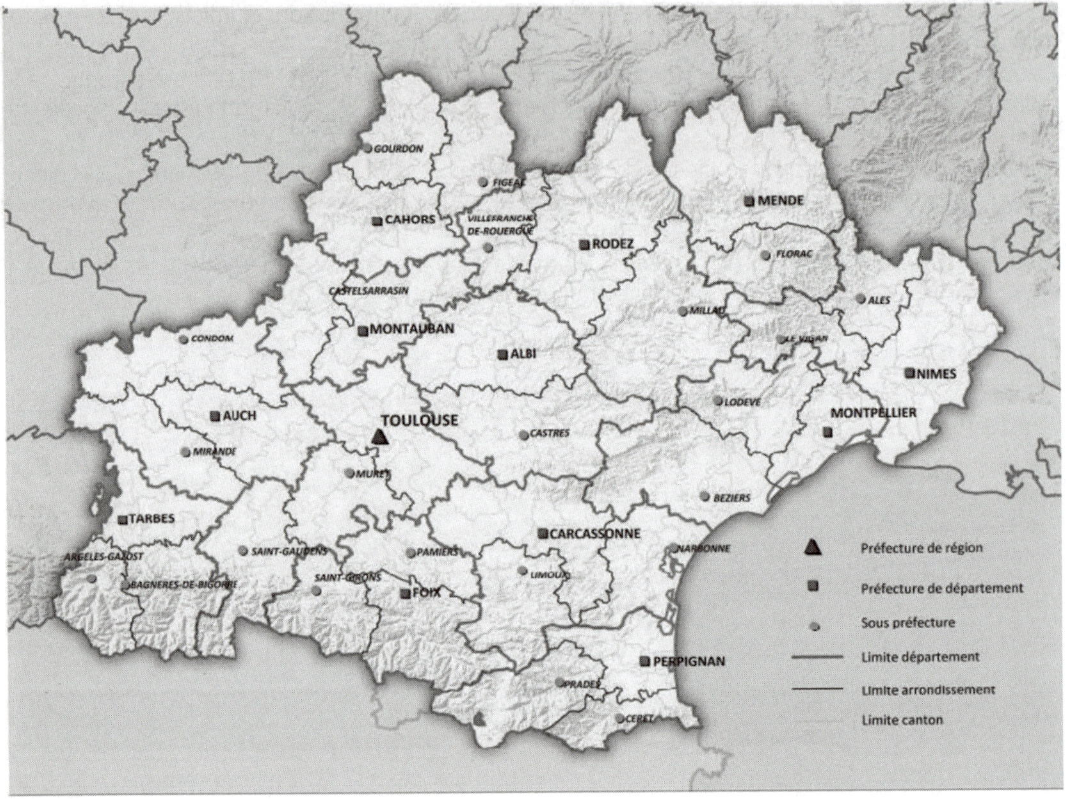

La région Occitanie comporte 13 départements (Ariège, Aude, Aveyron, Gard, Haute-Garonne, Gers, Hérault, Lot, Lozère, Hautes-Pyrénées, Pyrénées-Orientales, Tarn, Tarn-et-Garonne), 36 arrondissements, 269 cantons, 4488 communes, 2 métropoles, 1 communauté urbaine, 20 communautés d'agglomération et 138 communautés de communes (au 1er janvier 2017).

Source : Préfecture de la région, SGAR, *Repères Région Occitanie*, 2018

N.B. : Il existe également des circonscriptions administratives spécialisées spécifiques à la mise en œuvre de certaines actions. Il s'agit par exemple des régions académiques ou encore au niveau interrégional des quatre directions interrégionales de la mer, des sept zones de défense et de sécurité…

2 La déconcentration fonctionnelle : les autorités déconcentrées

Les autorités déconcentrées sont diverses. Une attention particulière est portée aux préfets et aux maires.

■ *Le préfet de département*

Le préfet a été institué par la loi du 28 pluviôse an VIII (17 févr. 1800) concernant la division du territoire français et de l'administration. Il reste une autorité traditionnelle du système administratif français, malgré les évolutions que l'institution préfectorale a pu connaître. C'est en effet sur le préfet que repose en particulier la cohérence de l'action de l'État et l'indivisibilité de la République par le contrôle de légalité exercé sur les collectivités territoriales.

Constitution 1958, art. 72, al. 6

« Dans les collectivités territoriales de la République, le représentant de l'État, représentant de chacun des membres du Gouvernement, a la charge des intérêts nationaux, du contrôle administratif et du respect des lois. »

a) Statut

Le fondement actuel du statut des préfets est le décret du 29 juillet 1964 (modifié) fixant les dispositions réglementaires applicables aux préfets. Ils sont nommés par décret du Président de la République en Conseil des ministres, sur la proposition du Premier ministre et du ministre chargé de l'Intérieur, la nomination impliquant affectation sur un poste territorial. Il s'agit d'emploi à la discrétion du Gouvernement (v. *supra*). Les quatre cinquièmes des préfets sont choisis parmi les sous-préfets, en principe recrutés à la sortie de l'ENA, des fonctionnaires d'autres corps, et éventuellement des non-fonctionnaires, peuvent être appelés à ces emplois.

Le rôle des préfets, mise en œuvre et garantie de la cohérence de la politique du gouvernement, explique qu'il doive exercer ses fonctions avec un certain loyalisme envers le gouvernement qu'il représente et soit soumis à un régime statutaire dérogatoire au statut général de la fonction publique d'État. Il est en effet soumis à des contraintes statutaires strictes : absence du droit de grève, du droit syndical, procédure disciplinaire spécifique...

b) Équipe du préfet

Dans l'exercice de ses fonctions, le préfet de département est assisté, d'un secrétaire général et d'un directeur de cabinet [qui ont le grade de sous-préfet] ; des sous-préfets d'arrondissement, des chefs des services déconcentrés des administrations civiles de l'État dans le département et la région et du commandant du groupement de gendarmerie départementale (v. *supra*) ; des responsables des unités et délégations départementales des services déconcentrés des administrations civiles de l'État dans la région ; du directeur départemental des services d'incendie et de secours ; éventuellement d'un ou plusieurs chargés de mission (D. n° 2004-374, 29 avr. 2004, relatif aux pouvoirs des préfets, à l'organisation et à l'action des services de l'État dans les régions et départements, art. 13).

La ***préfecture*** est l'administration qui assiste le préfet. Elle est composée du secrétariat général, du cabinet, de chargés de mission et de ***directions***, qui diffèrent d'un département à l'autre. Certaines directions se retrouvent néanmoins dans chaque préfecture et correspondent aux services déconcentrés relevant du ministère de l'Intérieur sur lesquels le préfet a autorité :

- direction de la légalité et de la citoyenneté ;
- direction des ressources humaines et des moyens ;
- direction (ou service) de coordination des politiques publiques et de l'appui territorial.

Les directions sont divisées en bureaux.

Le ***sous-préfet*** représente le préfet dans l'arrondissement, il l'assiste dont dans l'exercice de ses missions et sous son autorité.

c) Attributions du préfet

Les attributions du préfet sont précisées à l'article 1 du décret de 2004 (modifié).

D. n° 2004-374, 29 avr. 2004, relatif aux pouvoirs des préfets, à l'organisation et à l'action des services de l'État dans les régions et départements, art. 1 :

[...] Le préfet de département dans le département est dépositaire de l'autorité de l'État.

Il [a] la charge des intérêts nationaux et du respect des lois.

Il représent[e] le Premier ministre et chacun des ministres.

Il veill[e] à l'exécution des règlements et des décisions gouvernementales.

Il dirig[e], sous l'autorité des ministres et dans les conditions définies par le présent décret, les services déconcentrés des administrations civiles de l'État.

Le préfet exerce donc une fonction politique et des fonctions administratives. La ***fonction politique*** du préfet est double. Elle consiste en l'information du gouvernement de la situation politique du département et en la représentation politique du gouvernement dans le département, jouant le rôle d'intermédiaire entre le gouvernement et les élus et les administrés.

Les fonctions administratives du préfet sont multiples (D. n° 2004-374, art. 9 et s.). Il a ainsi la charge notamment :

- de mettre en œuvre les politiques nationales et communautaires ;
- d'assurer « le contrôle administratif du département, des communes, des établissements publics locaux et des établissements publics interdépartementaux qui ont leur siège dans le département. Il veille à l'exercice régulier de leurs compétences par les autorités du département et des communes » ;
- de l'ordre public et de la sécurité des populations. Il est à ce titre l'autorité de police administrative générale du département. Il a aussi des pouvoirs de police administrative spéciale (ex. : risques naturels, police de la pêche ou de la chasse, mines et carrières...).

Il est en outre ordonnateur secondaire des administrations civiles de l'État et est responsable de la gestion du patrimoine immobilier et des matériels des services de l'État placés sous son autorité.

■ *Le préfet de région*

Le préfet de région a été institué par le décret n° 64-251 du 14 mars 1964 relatif à l'organisation des services de l'État dans les circonscriptions d'action régionale. Le préfet de région est également le préfet du département où se situe le chef-lieu de la région.

a) Rôle et attributions du préfet de région

Le rôle du préfet de région a été accru en 2010 dans le cadre du renforcement de l'échelon régional (v. *supra*). Outre des attributions identiques à celles du préfet de département, au sein de la région (D. n° 2004-374, 29 avr. 2004, relatif aux pouvoirs des préfets, à l'organisation et à l'action des services de l'État dans les régions et départements, art. 1 ; v. *supra*), le préfet de région est le ***garant de la cohérence de l'action de l'État*** dans la région et il a ***autorité sur les préfets de département***, cette autorité ne pouvant être déléguée.

Dans ce cadre, les préfets de départements sont tenus de prendre leurs décisions conformément aux ***instructions adressées par le préfet de région***. Ce dernier bénéficiant même d'un droit d'évocation entendu comme la possibilité d'évoquer « par arrêté, et pour une durée limitée, tout ou partie d'une compétence à des fins de coordination régionale. Dans ce cas, il prend les décisions correspondantes en lieu et place des préfets de département » (D. n° 2010-146, 16 févr. 2010, modifiant le décret n° 2004-374 du 29 avril 2004 relatif aux pouvoirs des préfets, à l'organisation et à l'action des services de l'État dans les régions et départements, art. 2).

Le préfet de région est responsable de l'exécution des politiques de l'État dans la région, il dirige les services déconcentrés de la région, il assure le contrôle administratif de la région, de ses établissements publics et des établissements publics interrégionaux qui ont leur siège dans la région.

Enfin, dans un souci d'efficacité et de proximité de l'action territoriale étatique, « le préfet de région peut, pour la mise en œuvre des politiques publiques et afin de tenir compte des spécificités locales, proposer de déroger aux règles fixées par les décrets relatifs à l'organisation des services déconcentrés de l'État et à la répartition des missions entre ces services » (Charte de la déconcentration 2015, art. 16).

b) Le comité de l'administration régionale et le secrétariat pour les affaires régionales

Le préfet de région est assisté du comité de l'administration régionale (CAR) et du secrétariat pour les affaires régionales (SGAR).

Le ***comité de l'administration régionale*** (CAR) est présidé par le préfet. Il est composé des préfets de département ; du recteur de région académique ; du directeur régional des finances publiques ; du secrétaire général placé auprès du département où se situe le chef-lieu de la région ; du secrétaire des affaires régionales ; du commissaire à la lutte contre la pauvreté ; du directeur régional de l'alimentation, de l'agriculture et de la forêt ; du directeur régional de l'environnement, de l'aménagement et du logement ; du directeur régional de la jeunesse, des sports et de la cohésion sociale ; du directeur régional des entreprises, de la concurrence, de la consommation, du travail et de l'emploi ; du directeur de l'agence régionale de santé et le cas échéant, du directeur interrégional de la mer. Le préfet peut en outre y associer ou faire entendre différents responsables d'établissements publics régionaux ou personnes qualifiées, si nécessaire.

Le CAR assiste le préfet de région dans l'exercice de ses attributions. Il est consulté sur les orientations stratégiques de l'État dans la région et examine les moyens nécessaires à la mise en œuvre des politiques de l'État. Ainsi, le projet d'action stratégique de l'État dans la région est arrêté par le préfet de région après consultation du CAR.

Le ***secrétariat pour les affaires régionales*** est dirigé par un secrétaire général, placé sous l'autorité du préfet, dont les missions sont fixées par décret. L'adjoint au SGAR, des chargés de mission, le délégué régional à la recherche et à la technologie et le délégué régional aux droits des femmes assistent le secrétaire pour les affaires régionales et sont placés sous son autorité.

D. n° 2009-587, 25 mai 2009, relatif aux missions des secrétaires généraux pour les affaires régionales, art. 1

I. – Le secrétaire général pour les affaires régionales assiste le préfet de région, en métropole ou outre-mer, dans l'exercice de ses missions.

II. – Sous son autorité, il exerce les fonctions suivantes :

1° Il coordonne l'action des services régionaux de l'État et veille à l'articulation de celle-ci avec celle des services départementaux ;

2° Il veille à la cohérence de la mise en œuvre des politiques nationales et de celles de la Communauté européenne qui relèvent du niveau régional et met en œuvre certaines d'entre elles ; il peut également mettre en œuvre certaines politiques nationales ou européennes qui relèvent du niveau interrégional lorsque le préfet de région en a été désigné coordonnateur ;

3° Il anime l'action des services régionaux de l'État dans les domaines des études, de l'évaluation et de l'utilisation des technologies de l'information et de la communication ;

4° Il coordonne la mise en œuvre des actions d'information et de communication de l'État relatives aux politiques publiques dans la région, en relation avec le service d'information du Gouvernement ;

5° Il anime et coordonne l'organisation et la mise en œuvre des fonctions mutualisées des services de l'État en région ;

6° Il organise et anime une plate-forme d'appui interministériel à la gestion des ressources humaines.

N.B. : Il existe des spécificités dans l'organisation de l'administration territoriale de l'État dans certains territoires. En Île-de-France par exemple, le préfet de la région est aussi le préfet de Paris mais c'est le préfet de police de Paris qui est responsable de l'ordre public et de la sécurité des populations à Paris, dans les départements de la petite couronne et qui est le préfet de la zone de défense et de sécurité de Paris, rôle sinon dévolu à certains préfets de région.

■ *Le maire*

Le maire exerce des attributions au nom de l'État. Celles-ci sont énoncées pour partie aux articles L. 2122-27 et suivants du Code général des collectivités territoriales. Il est ainsi chargé sous l'autorité du préfet notamment de la publication et de l'exécution des lois et règlements, de l'exécution des mesures de sûreté générale, et des services d'état civil.

Par conséquent, si le maire, en tant qu'agent de l'État ne veut, ou ne peut faire les actes qui lui sont prescrits par la loi, le préfet peut, après l'en avoir requis, y procéder d'office (CGCT, art. L. 2122-34).

Il est également officier de police judiciaire (CPP, art. 16) et officier d'état civil sous le contrôle du procureur de la République.

Chapitre 8

L'administration décentralisée

La décentralisation consiste en la reconnaissance à côté de l'État de personnes publiques, les collectivités territoriales, qui s'administrent librement par des conseils élus, sous le contrôle, en principe de légalité, des autorités étatiques.

L'article 1 de la Constitution précise, depuis la révision constitutionnelle de 2003 que ***l'organisation de la France est décentralisée***. La décentralisation en France est le fruit d'une longue évolution.

Repères historiques de la décentralisation

L., 14 et 22 déc. 1789	Création des communes et des départements.
L., 21 mars 1831 sur les conseils municipaux et L. 22 juin 1833	Élections au suffrage censitaire des conseillers municipaux et généraux. Maire doit être choisi parmi les conseillers municipaux. 1837 et 1838 : élargissement des compétences.
L., 10 août 1871 relative aux conseils généraux	Charte de l'organisation départementale. Élection des conseillers généraux au suffrage universel direct
L., 5 avr. 1884 relative à l'organisation municipale	Charte d'organisation municipale. Élection de tous les organes communaux. Affirmation de la clause générale de compétence.
L., 22 mars 1890 sur les syndicats de communes	Organisation des syndicats de communes
D., 20 mai 1955 relatif aux syndicats de communes	Création du syndicat mixte
Constitution du 4 octobre 1958	Titre spécifique aux collectivités territoriales.

Ord., 5 janv. 1959 remplaçant des articles du Code de l'administration communale relatifs aux syndicats de communes	À vocation multiple.
L., 31 déc. 1966 relative aux communautés urbaines	Création des communautés urbaines.
L., 5 juill. 1972 portant création et organisation des régions	Création des établissements publics régionaux.
L., 2 mars 1982 relative aux droits et libertés des communes, des départements et des régions *« Acte I de la décentralisation »*	La région devient une collectivité territoriale. Le préfet perd la qualité d'exécutif du département et de la région. Exécutifs désignés par les assemblées délibérantes. Suppression du contrôle de tutelle de l'État sur les collectivités territoriales, remplacé par le contrôle de légalité, *a posteriori*, juridictionnalisé.
L., 7 et 22 juill. 1983 relatives à la répartition de compétences entre les communes, les départements, les régions et l'État	Transferts de compétences et de moyens financiers aux collectivités territoriales (logique des blocs de compétences).
L., 26 janv. 1984 portant dispositions statutaires relatives à la fonction publique territoriale	Mise en place du statut de la fonction publique territoriale.
L., 3 févr. 1992 relative aux conditions d'exercice des mandats locaux	Garanties accordées aux élus locaux dans l'exercice de leur mandat.
L., 6 févr. 1992 relative à l'administration territoriale de la République	Création des communautés de communes. Réaffirmation de l'intérêt de l'intercommunalité : « le progrès de la coopération intercommunale se fonde sur la libre volonté des communes d'élaborer des projets communs de développement au sein des périmètres de solidarité » et renforcement de ses modalités.
L., 12 juill. 1999 relative au renforcement et à la simplification de la coopération intercommunale	Maintien de la communauté de communes et de la communauté urbaine. Création de la communauté d'agglomération.
L., 27 févr. 2002, relative à la démocratie de proximité	Renforcement de la démocratie de participation.

L. const., 28 mars 2003, relative à l'organisation décentralisée de la République ***« Acte II de la décentralisation »***	Consécration du caractère décentralisé de l'organisation de la République à l'article 1 de la Constitution. Rénovation du titre XII de la Constitution : les régions sont consacrées comme CT ; principes de subsidiarité, de la collectivité chef de file, référendum local, d'expérimentation ; évolution du statut des collectivités d'outre-mer.
LO, 1er août 2003 relative à l'expérimentation	Modalités de l'expérimentation.
L., 13 août 2004 relative aux libertés et responsabilités locales	Renforcement des transferts de compétence et de ses modalités
L., 16 déc. 2010 de réforme des collectivités territoriales	Création des métropoles. Création des communes nouvelles.
L., 27 janv. 2014, de modernisation de l'action publique territoriale et d'affirmation des métropoles Début ***« Acte III de la décentralisation »***	Renforcement du statut de métropole et création de régimes spécifiques : Paris, Aix-Marseille et Lyon (qui devient collectivité à statut particulier).
L., 16 janv. 2015, relative à la délimitation des régions, aux élections régionales et départementales et modifiant le calendrier électoral	Fusion des régions.
L., 31 mars 2015, visant à faciliter l'exercice, par les élus locaux, de leur mandat	Charte déontologique de l'élu local. Harmonisation du régime indemnitaire des exécutifs des collectivités. Conditions du droit à la formation des élus locaux.
L., 7 août 2015, portant nouvelle organisation territoriale de la République	Renforcement de l'échelon régional. Rationalisation de l'intercommunalité. Suppression de la clause générale de compétence pour les départements et les régions. Évolution de dispositions relatives à l'intercommunalité, notamment certains seuils.
L., 28 févr. 2017, relative au statut de Paris et à l'aménagement métropolitain	Évolution des conditions permettant d'adhérer au statut de métropole. Évolution du statut de Paris.

L., 1er août 2019 visant à adapter l'organisation des communes nouvelles à la diversité des territoires	Aménagement du régime juridique des communes nouvelles.
L., 2 août 2019 relative aux compétences de la Collectivité européenne d'Alsace	Création à compter du 1er janvier 2021 de la Collectivité européenne d'Alsace par regroupement des départements du Bas-Rhin et du Haut-Rhin.
L. 27 décembre 2019, relative à l'engagement dans la vie locale et à la proximité de l'action publique	Renforcement et clarification de la place du maire dans les intercommunalités. Mise en place de la « demande de prise de position formelle » (« rescrit préfectoral »).

N.B. : Plusieurs projets de réformes sont en cours et notamment un projet de loi constitutionnelle pour un renouveau de la vie démocratique de 2019, et un projet de loi « 3D », décentralisation, différenciation et déconcentration, en cours d'élaboration.

1 Les principes de la décentralisation

La décentralisation suppose ***l'autonomie*** des collectivités territoriales. Le principe d'autonomie a plusieurs composantes :

– ***l'autonomie organique*** suppose que les affaires locales soient gérées par des organes propres à la collectivité territoriale. L'article 72 et le Code général des collectivités territoriales (CGCT, not. art. L. 1111-1) précisent que les collectivités territoriales s'administrent librement par des conseils élus ;
– ***l'autonomie matérielle*** découle de la reconnaissance de la personnalité morale à la collectivité territoriale, juridiquement distincte de celle de l'État. La collectivité décentralisée dispose alors de moyens financiers, de biens et de personnels, nécessaires à la gestion de ses affaires ;
– ***l'autonomie fonctionnelle*** implique que les entités décentralisées ont des intérêts propres distincts en particulier de ceux de l'État, des affaires locales. Les collectivités territoriales gèrent ainsi, par leurs délibérations, leurs affaires propres.

La clause générale de compétence, dont disposent uniquement les communes depuis la loi *NOTRe* du 7 août 2015, reconnaît une capacité d'intervention générale sous réserve d'un intérêt local. Il existe par ailleurs des domaines de compétences attribués aux collectivités par la loi aux collectivités territoriales (***les compétences d'attribution au sens strict***), les seuls dans lesquels peuvent intervenir les départements et les régions.

N.B. : L'autonomie n'est pas l'indépendance.

La décentralisation obéit à de grands principes affirmés en particulier dans la Constitution.

Constitution 1958, art. 72

Les collectivités territoriales de la République sont les communes, les départements, les régions, les collectivités à statut particulier et les collectivités d'outre-mer régies par l'article 74. Toute autre collectivité territoriale est créée par la loi, le cas échéant en lieu et place d'une ou de plusieurs collectivités mentionnées au présent alinéa. ***[énumération des différents types de collectivités territoriales]***

Les collectivités territoriales ont vocation à prendre les décisions pour l'ensemble des compétences qui peuvent le mieux être mises en œuvre à leur échelon. ***[principe de subsidiarité]***

Dans les conditions prévues par la loi, ces collectivités s'administrent librement par des conseils élus et disposent d'un pouvoir réglementaire pour l'exercice de leurs compétences. ***[principe de libre administration et reconnaissance d'un pouvoir réglementaire limité aux collectivités territoriales]***

Dans les conditions prévues par la loi organique, et sauf lorsque sont en cause les conditions essentielles d'exercice d'une liberté publique ou d'un droit constitutionnellement garanti, les collectivités territoriales ou leurs groupements peuvent, lorsque, selon le cas, la loi ou le règlement l'a prévu, déroger, à titre expérimental et pour un objet et une durée limités, aux dispositions législatives ou réglementaires qui régissent l'exercice de leurs compétences. ***[principe d'expérimentation]***

Aucune collectivité territoriale ne peut exercer une tutelle sur une autre. Cependant, lorsque l'exercice d'une compétence nécessite le concours de plusieurs collectivités territoriales, la loi peut autoriser l'une d'entre elles ou un de leurs groupements à organiser les modalités de leur action commune. ***[principe de l'interdiction de la tutelle d'une collectivité territoriale sur une autre et principe de la collectivité chef de file]***

Dans les collectivités territoriales de la République, le représentant de l'État, représentant de chacun des membres du Gouvernement, a la charge des intérêts nationaux, du contrôle administratif et du respect des lois. ***[principe du contrôle de l'État sur les collectivités territoriales]***

Constitution 1958, art. 72-2

Les collectivités territoriales bénéficient de ressources dont elles peuvent disposer librement dans les conditions fixées par la loi. ***[possibilité pour les collectivités territoriales de disposer librement de leurs ressources]***

Elles peuvent recevoir tout ou partie du produit des impositions de toutes natures. La loi peut les autoriser à en fixer l'assiette et le taux dans les limites qu'elle détermine.

Les recettes fiscales et les autres ressources propres des collectivités territoriales représentent, pour chaque catégorie de collectivités, une part déterminante de l'ensemble de leurs ressources. La loi organique fixe les conditions dans lesquelles cette règle est mise en œuvre. ***[garantie de l'existence de ressources propres]***
Tout transfert de compétences entre l'État et les collectivités territoriales s'accompagne de l'attribution de ressources équivalentes à celles qui étaient consacrées à leur exercice. Toute création ou extension de compétences ayant pour conséquence d'augmenter les dépenses des collectivités territoriales est accompagnée de ressources déterminées par la loi. ***[principe de compensation des charges financières imposées aux collectivités territoriales en raison des transferts de compétences]***
La loi prévoit des dispositifs de péréquation destinés à favoriser l'égalité entre les collectivités territoriales.

Le projet de révision constitutionnelle pour le renouveau de la vie démocratique de 2019, à la suite de celui de 2018, envisage de constitutionnaliser le statut de la Corse et le principe de différenciation territoriale. Il en va de même du projet de loi « 3D ».

Projet de loi constitutionnelle pour le renouveau de la vie démocratique, 2019
Article 10
L'article 72 de la Constitution est ainsi modifié :
1° Le deuxième alinéa est complété par une phrase ainsi rédigée :
« Dans les conditions prévues par la loi organique et sauf lorsque sont en cause les conditions essentielles d'exercice d'une liberté publique ou d'un droit constitutionnellement garanti, la loi peut prévoir que certaines collectivités territoriales exercent des compétences, en nombre limité, dont ne disposent pas l'ensemble des collectivités de la même catégorie. » ;
2° Le quatrième alinéa est remplacé par les dispositions suivantes :
« Dans les conditions prévues par la loi organique, et sauf lorsque sont en cause les conditions essentielles d'exercice d'une liberté publique ou d'un droit constitutionnellement garanti, les collectivités territoriales ou leurs groupements peuvent, lorsque, selon le cas, la loi ou le règlement l'a prévu, déroger, pour un objet limité, aux dispositions législatives ou réglementaires qui régissent l'exercice de leurs compétences, éventuellement après une expérimentation autorisée dans les mêmes conditions. »

Article 11
Après l'article 72-4 de la Constitution, il est inséré un article 72-5 ainsi rédigé :
« Art. 72-5. – La Corse est une collectivité à statut particulier au sens du premier alinéa de l'article 72.
« Les lois et règlements peuvent comporter des règles adaptées aux spécificités liées à son insularité ainsi qu'à ses caractéristiques géographiques, économiques ou sociales.
« Sauf lorsque sont en cause les conditions essentielles d'exercice d'une liberté publique ou d'un droit constitutionnellement garanti, ces adaptations peuvent être décidées par la collectivité de Corse dans les matières où s'exercent ses compétences et si elle y a été habilitée, selon le cas, par la loi ou le règlement. Ces adaptations sont décidées dans les conditions prévues par la loi organique. »

Article 12
L'article 73 de la Constitution est ainsi modifié :
1° Les deuxième et troisième alinéas sont remplacés par les alinéas suivants :
« Sauf lorsque sont en cause les conditions essentielles d'exercice d'une liberté publique ou d'un droit constitutionnellement garanti, les collectivités régies par le présent article peuvent, à leur demande, être habilitées par décret en conseil des ministres après avis du Conseil d'État, à fixer elles-mêmes les règles applicables sur leur territoire dans un nombre limité de matières pouvant relever du domaine de la loi ou du règlement.
« Ces habilitations sont confiées dans les conditions fixées par la loi organique. » ;
2° Les cinquième et sixième alinéas sont remplacés par les alinéas suivants :
« Pour le département et la région de La Réunion, les habilitations prévues au deuxième alinéa s'appliquent uniquement dans les matières relevant de leurs compétences.
« Chaque session ordinaire, le Gouvernement dépose un projet de loi de ratification des actes des collectivités pris en application du deuxième alinéa dans le domaine de la loi. Ces actes deviennent caducs en l'absence de ratification par le Parlement dans le délai de vingt-quatre mois suivant l'habilitation. »

2 La préservation de l'indivisibilité de la République

L'organisation décentralisée ne remet pas en cause les principes d'unité et d'indivisibilité de la République. Différents moyens existent à cette fin.

D'abord, seul l'État dispose de la compétence de la compétence. Aussi, les collectivités territoriales ne doivent leurs compétences qu'à l'État. Les ***compétences des collectivités territoriales sont donc limitées***.

Ensuite, il existe traditionnellement ***une uniformité générale des structures administratives sur l'ensemble du territoire*** et ***un principe d'égalité entre les collectivités territoriales d'une même catégorie***. Ainsi, toutes les collectivités d'une même catégorie (par ex. les communes) ont en principe la même structure, les mêmes compétences et les mêmes droits et libertés (*CE, avis, 7 déc. 2017, Différenciation des compétences des collectivités territoriales relevant d'une même catégorie et des règles relatives à l'exercice des compétences ; CE, avis, 21 février 2019, projet de loi relatif aux compétences de la collectivité européenne d'Alsace ; CE, avis, 20 juin 2019, projet de loi constitutionnelle pour un renouveau de la vie démocratique*), et ce, même s'il existe désormais un certain nombre de dérogations (ex. pour les communes : Paris, Lyon et Marseille) et de collectivités à statut dérogatoire (v. *infra*).

L'encadrement du pouvoir réglementaire des collectivités territoriales pour l'exercice de leurs compétences garantit ***l'unité du pouvoir normatif***, et constitue donc une garantie de l'indivisibilité de la République.

Enfin, l'indivisibilité de la République est assurée par ***l'exercice du contrôle de l'État sur les collectivités territoriales et leurs groupements***.

■ *Le contrôle de légalité*

Les lois de décentralisation du 2 mars et du 22 juillet 1982 ont substitué au contrôle de tutelle de l'État sur les collectivités territoriales, ***un contrôle administratif, de légalité, a posteriori, juridictionnalisé (le contrôle de légalité)***. Ce contrôle repose sur le caractère exécutoire des actes des collectivités décentralisées et sur la distinction de deux catégories d'actes : les actes soumis à l'obligation de transmission et les actes non soumis à l'obligation de transmission.

Les actes soumis à l'obligation de transmission sont les actes les plus importants des collectivités territoriales : les délibérations, mesures de polices, contrats... Ces décisions sont exécutoires de plein droit après avoir été publiées ou notifiées et transmises au préfet.

Dans les deux mois qui suivent la transmission de l'acte, le représentant de l'État examine sa régularité. Il peut, après avoir informé la collectivité territoriale, décider de saisir le juge aux fins d'annulation, s'il l'estime illégal. Le tribunal administratif saisi décide alors de sa régularité juridique. Cette procédure qualifiée de ***déféré préfectoral*** peut être réalisée à l'initiative du préfet (***déféré spontané***), ou à la demande de tout intéressé (***déféré provoqué***). Le préfet, dans cette hypothèse, n'est pas tenu de déférer et son refus est insusceptible de recours.

Les ***actes non soumis à l'obligation de transmission*** sont exécutoires dès la réalisation des mesures de publicité. Cependant, toute personne intéressée peut demander leur annulation dans le cadre d'un recours pour excès de pouvoir devant le tribunal administratif. Le préfet peut également, spontanément ou sur demande, saisir la juridiction administrative.

Contrôle administratif (contrôle de légalité, *a posteriori*, juridictionnalisé)

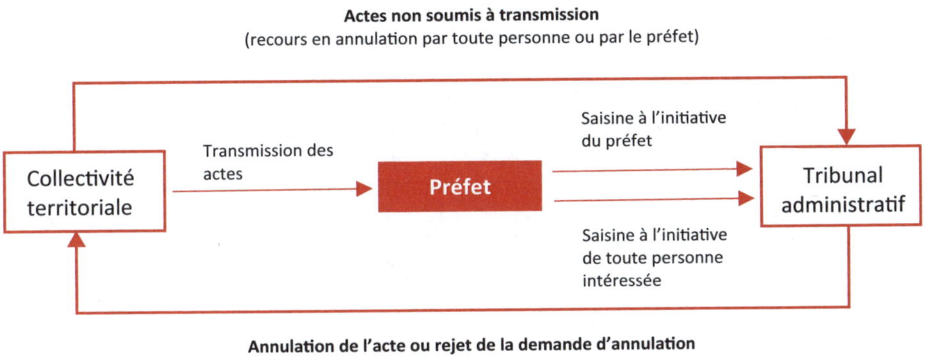

L'importance du contrôle de légalité a été récemment rappelée. En témoigne en particulier l'adaptation de ses modalités de mise en œuvre dans le contexte de crise sanitaire traversée par la France.

Ordonnance n° 2020-391 du 1er avril 2020 visant à assurer la continuité du fonctionnement des institutions locales et de l'exercice des compétences des collectivités territoriales et des établissements publics locaux afin de faire face à l'épidémie de Covid-19, art. 7

« I. – Par dérogation aux dispositions des articles L. 2131-1, L. 3131-1, L. 4141-1, L. 7131-1 et L. 7231-1 du Code général des collectivités territoriales et de l'article L. 121-39-1 du code des communes de la Nouvelle-Calédonie, est réputée régulière la transmission d'actes au représentant de l'État effectuée depuis une adresse électronique dédiée vers une autre adresse électronique, également dédiée, permettant d'accuser réception de cette transmission par cette même voie.

L'envoi électronique comprend les informations suivantes :
1° L'objet et la date de l'acte ;
2° Le nom de la collectivité émettrice ;
3° Les nom, prénom, adresse électronique et numéro de téléphone de la personne en charge du suivi de l'acte.
Chaque envoi électronique ne peut contenir qu'un seul acte.
L'accusé de réception électronique comporte les mentions suivantes :
1° La date de réception de l'envoi électronique ;
2° La désignation de la préfecture réceptrice. »

N.B. : La loi du 27 décembre 2019 « engagement et proximité » complétée par un décret du 25 mai 2020 (n° 2020-634) a mis en place le mécanisme de demande de prise de position formelle adressée au représentant de l'État (« ***rescrit préfectoral*** »). Ce mécanisme permet à une collectivité territoriale d'obtenir une position circonstanciée du préfet concernant l'interprétation d'une disposition législative ou réglementaire s'appliquant à un projet d'acte de la collectivité. Si le préfet ne se prononce pas dans un délai de trois mois, il est réputé ne pas prendre position. Cette nouvelle procédure a pour objectif de sécuriser au préalable les décisions des collectivités territoriales et donc de renforcer leur sécurité juridique.

CGCT, art. L. 1116-1

« Avant d'adopter un acte susceptible d'être déféré au tribunal administratif, les collectivités territoriales ou leurs groupements ainsi que leurs établissements publics peuvent saisir le représentant de l'État chargé de contrôler la légalité de leurs actes d'une demande de prise de position formelle relative à la mise en œuvre d'une disposition législative ou réglementaire régissant l'exercice de leurs compétences ou les prérogatives dévolues à leur exécutif. La demande est écrite, précise et complète. Elle comporte la transmission de la question de droit sur laquelle la prise de position formelle est demandée ainsi que du projet d'acte.
Le silence gardé par le représentant de l'État pendant trois mois vaut absence de prise de position formelle.
Si l'acte est conforme à la prise de position formelle, le représentant de l'État ne peut pas, au titre de la question de droit soulevée et sauf changement de circonstances, le déférer au tribunal administratif.
Les modalités d'application du présent article sont fixées par décret en Conseil d'État. »

■ *Les contrôles budgétaire et de gestion*

Le contrôle budgétaire et le contrôle de gestion présentent des caractéristiques semblables au contrôle exercé sur les autres actes des collectivités territoriales. Cependant, ils sont réalisés en lien avec la Chambre régionale des comptes (CRC) et le préfet conserve un certain pouvoir de substitution.

Le représentant de l'État saisit la CRC en particulier si le budget n'est pas voté en temps utile par l'assemblée locale, s'il n'est pas voté en équilibre réel ou s'il n'y est pas inscrit une dépense obligatoire. Celle-ci émet alors des propositions que le préfet doit suivre pour régler le budget de la collectivité, sauf décision contraire motivée.

La CRC exerce aussi un contrôle sur la gestion des collectivités territoriales, pour veiller à la régularité des différentes opérations. Elle peut également formuler des observations sur celle-ci.

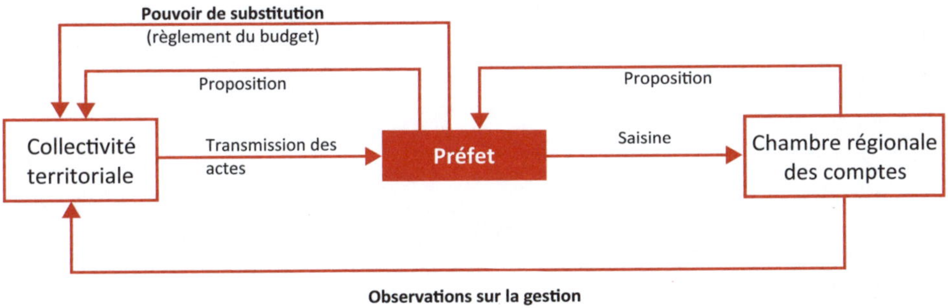

Chapitre 9

Les collectivités territoriales de droit commun

Les collectivités territoriales de droit commun sont les communes, les départements et les régions (Const., art. 72, al. 1).

1 La commune

Chaque commune dispose d'un organe délibératif, le conseil municipal (CGCT, art. L. 2121-1 et s.) et d'un organe exécutif, le maire (CGCT, art. L. 2122-1 et s.). Il existe des communes bénéficiant d'un statut dérogatoire (v. *infra*).

■ *L'organe délibératif : le conseil municipal*

Le conseil municipal, composé de conseillers municipaux, dispose de compétences spécifiques.

a) Composition

Les membres du conseil municipal sont élus pour six ans au suffrage universel direct et sont rééligibles. Le nombre de conseillers municipaux varie selon le nombre d'habitants de la commune de 7 (nbre d'hab. < 100) à 69 (nbre d'hab. > 300 000).

Les conseillers municipaux bénéficient de garanties dans l'exercice de leur mandat (autorisation d'absence pour assister au conseil municipal, compensation de perte de revenu...).

Les fonctions de conseiller municipal sont gratuites (CGCT, art. 2123-17). Ils peuvent néanmoins se voir rembourser les frais de mission et de représentation et ont le cas échéant des indemnités de fonctions.

Pour l'élection des conseillers municipaux, les modes de scrutin diffèrent selon l'importance de la population de la commune.

Quelles sont les conditions d'éligibilité ?

Pour être éligible au conseil municipal il faut être âgé de 18 ans et être inscrit sur les listes électorales de la commune ou y acquitter des contributions directes.

Depuis 1992 l'article 88-3 de la Constitution prévoit que : « le droit de vote et d'éligibilité aux élections municipales peut être accordé aux seuls citoyens de l'Union résidant en France. Ces citoyens ne peuvent exercer les fonctions de maire ou d'adjoint ni participer à la désignation des électeurs sénatoriaux et à l'élection des sénateurs ».

Il existe des ***règles d'inéligibilité*** par exemple pour les préfets, les magistrats, certains officiers de gendarmerie, de police, des entrepreneurs de services municipaux... dans les communes de leur ressort.

Il existe des ***règles d'incompatibilité*** entre les fonctions de conseiller municipal et par exemple avec les fonctions de préfet, de corps de direction et d'encadrement de la police nationale, avec un emploi de salarié au CCAS de la commune...

	Commune de moins de 1 000 habitants	**Commune de plus de 1 000 habitants**
Circonscription électorale	La commune	La commune en principe (les membres du Conseil de Paris et des conseils municipaux de Lyon et de Marseille sont élus par secteur).
Type de scrutin	Scrutin de liste, majoritaire à deux tours avec panachage. Les listes incomplètes sont possibles.	Scrutin de liste complète et bloquée, mixte c'est-à-dire combinant des mécanismes du scrutin majoritaire et proportionnel, à deux tours. Les listes doivent comporter autant de candidats que de sièges à pourvoir et la règle de la parité s'applique. Toute liste doit être « composée alternativement d'un candidat de chaque sexe ».
Modalités du scrutin	**1er tour** : sont élus les candidats ayant réuni la majorité absolue des suffrages exprimés représentant au moins un quart des électeurs inscrits. **2e tour** : l'élection a lieu à la majorité relative, quel que soit le nombre des votants. Si plusieurs	**1er tour** : à la liste qui a recueilli la majorité absolue des suffrages exprimés est attribué un nombre de sièges égal à la moitié du nombre des sièges à pourvoir, arrondi, le cas échéant, à l'entier supérieur lorsqu'il y a plus de quatre sièges à pourvoir et à l'entier inférieur lorsqu'il y a moins de quatre sièges à pourvoir. Les autres sièges sont répartis à la représentation proportionnelle suivant

	candidats obtiennent le même nombre de suffrages, l'élection est acquise au plus âgé.	la règle de la plus forte moyenne entre toutes les listes ayant obtenu au moins 5 % des suffrages exprimés. **2e tour** : seules les listes ayant obtenu au premier tour au moins 10 % des suffrages exprimés sont autorisées à se maintenir. A la liste qui a obtenu le plus de voix est attribué un nombre de sièges égal à la moitié du nombre des sièges à pourvoir, arrondi, le cas échéant, à l'entier supérieur lorsqu'il y a plus de quatre sièges à pourvoir et à l'entier inférieur lorsqu'il y a moins de quatre sièges à pourvoir. En cas d'égalité de suffrages entre les listes arrivées en tête, ces sièges sont attribués à la liste dont les candidats ont la moyenne d'âge la plus élevée. Les autres sièges sont répartis à la représentation proportionnelle suivant la règle de la plus forte moyenne entre toutes les listes ayant obtenu au moins 5 % des suffrages exprimés. *N.B. :* Les sièges sont attribués aux candidats dans l'ordre de présentation sur chaque liste.
Contentieux	Le contentieux électoral relève de la compétence du tribunal administratif qui peut être saisi par tout électeur et tout éligible ainsi que par le préfet.	

Les élections municipales ont lieu le même jour dans toutes les communes de France.

b) Fonctionnement

Le fonctionnement du conseil municipal est réglé par la loi et par son règlement intérieur à titre subsidiaire (CGCT, art. L. 2121-7 et s.).

Le conseil municipal se réunit au moins une fois par trimestre sur convocation du maire. Le maire peut également le réunir parce qu'il le juge utile. Il doit en outre le convoquer sur demande motivée soit du préfet, soit d'au moins 1/3 des membres du conseil municipal dans les communes de 1 000 habitants et plus ou de la majorité des membres dans les communes de moins de 1 000 habitants.

En principe les séances du conseil municipal sont publiques. Elles peuvent néanmoins avoir lieu à huis clos, à la demande de trois membres ou du maire, sur décision du conseil municipal, sans débat, à la majorité des membres présents ou représentés.

Le conseil municipal ne délibère valablement que lorsque la majorité de ses membres en exercice est présente. Ses réunions donnent normalement lieu à des délibérations, adoptées à la majorité des suffrages exprimés, sous réserve que la question délibérée était inscrite à l'ordre du jour.

N.B. : Le conseil municipal peut être dissous par décret motivé rendu en Conseil des ministres et publié au *Journal officiel*. En cas d'urgence, il peut être provisoirement suspendu par arrêté motivé du préfet. Par ailleurs, les membres du conseil municipal peuvent démissionner.

c) Attributions

> CGCT, art. L. 2121-29
>
> **Le conseil municipal règle par ses délibérations les affaires de la commune.**
>
> Il donne son avis toutes les fois que cet avis est requis par les lois et règlements, ou qu'il est demandé par le représentant de l'État dans le département.
>
> Lorsque le conseil municipal, à ce régulièrement requis et convoqué, refuse ou néglige de donner avis, il peut être passé outre.
>
> Le conseil municipal émet des vœux sur tous les objets d'intérêt local.

La commune bénéficie donc de la ***clause générale de compétence*** et dispose par conséquent d'une capacité d'intervention générale sous réserve d'un intérêt local.

La ***loi lui attribue par ailleurs explicitement un certain nombre de compétences***. Le conseil municipal a ainsi la charge du vote du budget, de la gestion du domaine communal et de la création et de la gestion des services publics municipaux tantôt obligatoires (ex. : école élémentaire, service funéraire...), tantôt facultatifs. Elle peut également intervenir notamment dans les domaines de l'action sociale (CCAS, crèches...) ; de la culture (bibliothèques municipales, musées...) ; de l'aménagement et des transports (voirie communale, transports urbains et scolaires...) ; de l'environnement (déchets ménagers, eaux usées et pluviales, énergie...).

En outre, les compétences en matière de promotion de l'égalité entre les femmes et les hommes, de culture, de sport, de tourisme, de promotion des langues régionales et d'éducation populaire sont partagées entre les communes et les autres collectivités territoriales.

La commune (ou l'EPCI fiscalité propre auquel elle a transféré ses compétences) est chargée d'organiser, ***en qualité de chef de file***, les modalités de l'action commune des collectivités territoriales et de leurs établissements publics pour l'exercice des compétences relatives : à la mobilité durable ; à l'organisation des services publics de proximité ; à l'aménagement de l'espace et au développement local (CGCT, art. L. 1111-9, IV).

■ *L'organe exécutif : le maire*

Le maire et ses adjoints sont élus parmi les membres du conseil municipal (CGCT, art. L. 2122-1 et s.), au scrutin secret. Le nombre d'adjoints ne peut excéder plus de 30 % de son effectif. Le conseiller municipal qui n'a pas la nationalité française ne peut être élu maire ou adjoint, ni en exercer même temporairement les fonctions.

Le maire est, de par la technique du dédoublement fonctionnel, à la fois agent de l'État (v. *supra*) et exécutif de la commune. En cette dernière qualité, il prépare et exécute les décisions du conseil municipal, il signe et exécute les contrats, il est seul chargé de l'administration et est donc le supérieur hiérarchique des agents communaux. Il peut recevoir des délégations de pouvoirs du conseil municipal dans différents domaines (CGCT, art. L. 2122-22).

Il dispose également de pouvoirs propres. Il est en particulier l'autorité de police administrative générale de la commune (sauf dans l'hypothèse de la police étatisée) et a donc la charge « d'assurer le bon ordre, la sûreté, la sécurité et la salubrité publiques » (CGCT, art. L. 2212-2). Ce pouvoir de police administrative a été renforcé par la loi du 27 décembre 2019 relative à l'engagement dans la vie locale et à la proximité de l'action publique (Titre III). Il peut en effet dans certaines hypothèses infliger des sanctions administratives en cas de non-respect des mesures de police ou d'atteinte à l'intégrité du domaine public (ex. : élagage de haies, dépôt de matériel entravant la voie ou le domaine public, non-respect d'un arrêté de restrictions horaires pour la vente d'alcool à emporter sur le territoire de la commune...).

2 Le département

La France est composée de 101 départements, 96 en métropole et 5 outre-mer. Certains départements ont un statut dérogatoire (v. *infra*).

Carte des départements français

Source : https://www.regions-et-departements.fr

Le département dispose en particulier d'un organe délibérant, le conseil départemental (CGCT, art. L. 3121-1 et s.) et d'un organe exécutif, son président (CGCT, art. L. 3122-1 et s.).

■ *L'organe délibératif : le conseil départemental*

Le conseil départemental, composé de conseillers départementaux, dispose de compétences spécifiques.

a) Composition

Les conseillers départementaux sont élus pour six ans au suffrage universel direct et sont rééligibles. Ils bénéficient d'un certain nombre de garanties dans l'exercice de leur mandat et reçoivent pour l'exercice effectif de leurs fonctions une indemnité.

Éligibilité	Pour être éligible au conseil départemental, il faut être âgé de 18 ans, être de nationalité française et être inscrit sur les listes électorales du département ou y acquitter des contributions directes. Il existe des règles d'***inéligibilité*** (par exemple pour les préfets, les magistrats, certains officiers des armées, recteur d'académie...) et d'***incompatibilité***.
Circonscription électorale	Le canton
Type de scrutin	Scrutin majoritaire binominal à deux tours (2 candidats de sexe différent sont élus dans chaque canton) :
Modalités du scrutin	**1er tour :** est élu le binôme de candidats ayant obtenu la majorité des suffrages exprimés représentant au moins un quart des électeurs inscrits. **2e tour :** l'élection a lieu à la majorité relative, quel que soit le nombre des votants. Si plusieurs binômes de candidats obtiennent le même nombre de suffrages, l'élection est acquise au binôme qui comporte le candidat le plus âgé.
Contentieux	Le contentieux électoral relève de la compétence du tribunal administratif qui peut être saisi par tout électeur du canton, par les candidats, par les membres du conseil départemental ainsi que par le préfet.

Les élections départementales ont lieu le même jour dans tous les départements de France.

b) Fonctionnement

Le fonctionnement du conseil départemental est régi par la loi et à titre résiduel par son règlement intérieur (CGCT, art. L. 3121-7 et s.).

Le conseil départemental se réunit une fois par trimestre au moins, à l'initiative de son président. Il est également réuni à la demande de la commission permanente ou du tiers des membres du conseil départemental sur un ordre du jour déterminé et pour une durée qui ne peut excéder deux jours. Un décret peut également réunir les conseils départementaux en cas de circonstances exceptionnelles.

Les séances du conseil départemental, présidées par son président, sont en principe publiques. Elles peuvent cependant se tenir à huis clos sur décision du conseil départemental, sans débat, à la majorité absolue des membres présents ou représentés, à la demande de cinq membres ou du président.

Le conseil départemental ne délibère valablement que lorsque la majorité absolue de ses membres en exercice est présente. Les délibérations du conseil départemental sont adoptées à la majorité des suffrages exprimés.

N.B. : Le gouvernement peut prononcer la dissolution d'un conseil départemental par décret motivé pris en Conseil des ministres si son fonctionnement se révèle impossible. Le Parlement doit en être informé. Par ailleurs, un conseiller départemental peut démissionner.

c) Attributions

CGCT, art. L. 3211-1

Le conseil départemental règle par ses délibérations les affaires du département dans les domaines de compétences que la loi lui attribue.
Il est compétent pour mettre en œuvre toute aide ou action relative à la prévention ou à la prise en charge des situations de fragilité, au développement social, à l'accueil des jeunes enfants et à l'autonomie des personnes. Il est également compétent pour faciliter l'accès aux droits et aux services des publics dont il a la charge.
Il a compétence pour promouvoir les solidarités et la cohésion territoriale sur le territoire départemental, dans le respect de l'intégrité, de l'autonomie et des attributions des régions et des communes.

Le conseil départemental ne bénéficie donc pas de la clause générale de compétence (depuis la loi du 7 août 2015 portant Nouvelle organisation territoriale de la République). ***Il ne peut donc intervenir que dans les domaines de compétences qui lui sont attribués par la loi***.

Il s'agit notamment de la gestion du budget et du domaine départemental ; de l'action sociale et médico-sociale – protection matérielle et infantile, soutien aux familles en difficultés financières, allocation personnalisée d'autonomie, RSA, prestation de compensation de handicap... – ; de la formation et de l'enseignement – construction et entretien des collèges – ; de l'aménagement du territoire – équipement rural, voirie départementale, aménagement foncier... ; environnement – plan départemental ou interdépartemental de prévention et de gestion des déchets non dangereux... ; – vie économique dans le respect des compétences régionales... ; culture – bibliothèques départementales de prêt...

En outre, les compétences en matière de promotion de l'égalité entre les femmes et les hommes, de culture, de sport, de tourisme, de promotion des langues régionales et d'éducation populaire sont partagées entre les départements et les autres collectivités territoriales.

La mise en œuvre de ses compétences est soit obligatoire, notamment par la création de services publics (collèges, SDIS...), soit facultative.

Le département est chargé d'organiser, en ***qualité de chef de file***, les modalités de l'action commune des collectivités territoriales et de leurs établissements publics pour l'exercice des compétences relatives à : l'action sociale, le développement social et à la résorption de la précarité énergétique ; à l'autonomie des personnes ; à la solidarité des territoires (CGCT, art. L. 1111-9, III).

■ *L'organe exécutif : le président du conseil départemental*

Le ***président du conseil*** départemental est l'exécutif du conseil départemental. Il est élu pour six ans en son sein. En tant qu'organe exécutif, il prépare et exécute les délibérations du conseil départemental, il est ordonnateur de la région, il gère son patrimoine et est le chef des services départementaux. Il est seul chargé de l'administration. Il est également le responsable de la police de l'assemblée lors des réunions du conseil départemental.

Les membres de la ***commission permanente*** (CGCT, art. L. 3122-4 et s.) sont élus par le conseil départemental. Elle est composée du président du conseil départemental, de quatre à quinze vice-présidents, sous réserve que le nombre de ceux-ci ne soit pas supérieur à 30 % de l'effectif du conseil, et éventuellement d'un ou plusieurs autres membres. Présidée par le président du conseil départemental elle exerce, entre les sessions du conseil départemental, les attributions que celui-ci lui a déléguées.

Le ***bureau*** du conseil départemental est formé du président du conseil départemental et des membres de la commission permanente qui ont reçu délégation de sa part.

3 La région

La France compte ***18 régions*** : 13 en métropole et 5 en outre-mer (v. *infra*). La région est une collectivité territoriale depuis la loi du 2 mars 1982. Elle a obtenu un statut constitutionnel avec la révision du 28 mars 2003.

Carte des régions françaises

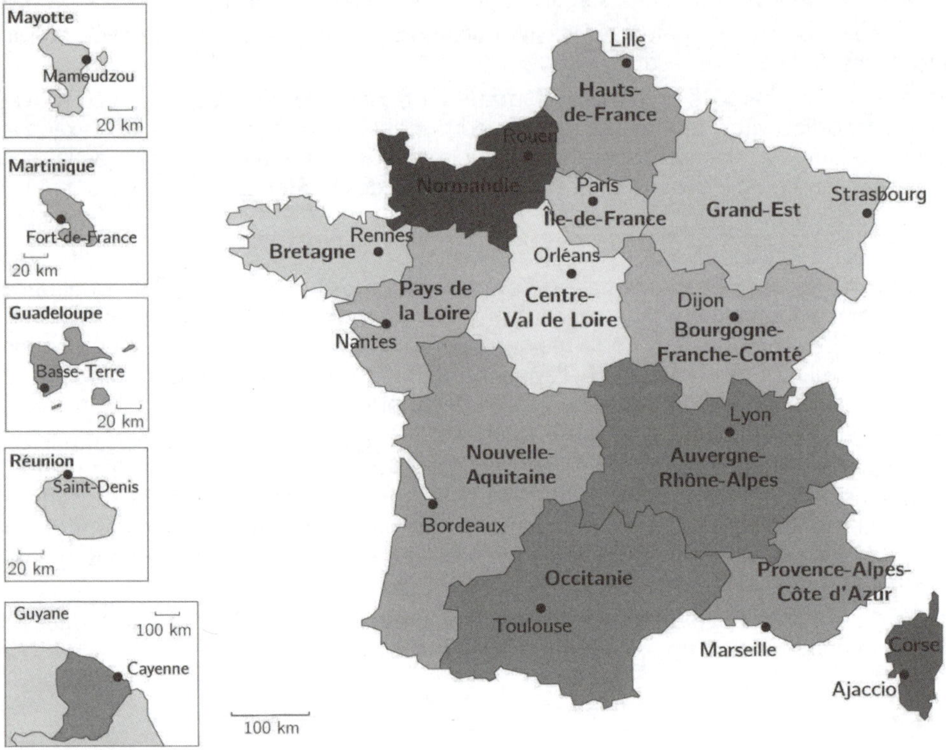

Source : https://www.regions-et-departements.fr

La région dispose en particulier d'un organe délibérant, le conseil régional (CGCT, art. L. 4132-1 et s.), d'un organe exécutif, son président (CGCT, art. L. 4133-1 et s.) et d'un organe consultatif, le conseil économique, social et environnemental régional (CGCT, art. L. 4134-1 et s.).

■ *L'organe délibératif : le conseil régional*

Le conseil régional, composé de conseillers régionaux, dispose de compétences spécifiques.

a) Composition

Les régions sont administrées par un conseil régional élu au suffrage universel direct. Il est renouvelé intégralement tous les 6 ans. Les conseillers régionaux sont rééligibles. Ils reçoivent pour l'exercice effectif de leurs fonctions une indemnité et bénéficient d'un certain nombre de garanties dans l'exercice de leur mandat.

Éligibilité	Pour être éligible au conseil régional, il faut être âgé de 18 ans, être de nationalité française et être inscrit sur les listes électorales de la région ou y acquitter des contributions directes. Il existe des règles d'***inéligibilité*** (par exemple pour les préfets, les magistrats, certains officiers des armées, recteur d'académie...) et d'***incompatibilité***.
Circonscription électorale	Circonscription régionale.
Type de scrutin	Scrutin de liste (complète et bloquée) à deux tours. *Originalité* : Si les listes sont déposées au niveau régional, elles sont présentées par sections départementales dans le but de rapprocher citoyens et élus.
Modalités du scrutin	**1er tour :** à la liste qui a recueilli la majorité absolue des suffrages exprimés est attribué un nombre de sièges égal au quart du nombre des sièges à pourvoir, arrondi à l'entier supérieur. Cette attribution opérée, les autres sièges sont répartis entre toutes les listes, ayant obtenu au moins 5 % des suffrages exprimés, à la représentation proportionnelle suivant la règle de la plus forte moyenne. **2e tour (pour les listes qui obtiennent plus de 10 % des suffrages exprimés) :** à la liste qui a obtenu le plus de voix un nombre de sièges égal au quart du nombre des sièges à pourvoir, arrondi à l'entier supérieur. En cas d'égalité de suffrages entre les listes arrivées en tête, ces sièges sont attribués à la liste dont les candidats ont la moyenne d'âge la plus élevée. Cette attribution opérée, les autres sièges sont répartis entre toutes les listes, ayant obtenu au moins 5 % des suffrages exprimés, à la représentation proportionnelle suivant la règle de la plus forte moyenne. Si plusieurs listes ont la même moyenne pour l'attribution du dernier siège, celui-ci revient à la liste qui a obtenu le plus grand nombre de suffrages. En cas d'égalité de suffrages, le siège est attribué au plus âgé des candidats susceptibles d'être proclamés élus.
Contentieux	Tout candidat ou tout électeur de la région et le préfet peuvent contester les élections au conseil régional devant le Conseil d'État.

Les élections régionales ont lieu le même jour dans toutes les régions de France.

b) Fonctionnement

Le fonctionnement du conseil régional est déterminé par la loi et à titre résiduel par son règlement intérieur (CGCT, art. L. 4132-5 et s.).

Le conseil régional se réunit une fois par trimestre au moins, à l'initiative de son président. Il est également réuni à la demande de la commission permanente ou du tiers de ses membres sur un ordre du jour déterminé et pour une durée qui ne peut excéder deux jours. Un décret peut également réunir les conseils régionaux en cas de circonstances exceptionnelles.

Les séances du conseil régional, présidées par son président, sont en principe publiques. Elles peuvent cependant se tenir à huis clos sur décision du conseil régional, sans débat, à la majorité absolue des membres présents ou représentés, à la demande de cinq membres ou du président.

Le conseil régional ne délibère valablement que lorsque la majorité absolue de ses membres en exercice est présente. En principe, les délibérations du conseil régional sont prises à la majorité des suffrages exprimés.

N.B. : Le gouvernement peut prononcer la dissolution d'un conseil régional par décret motivé pris en Conseil des ministres si son fonctionnement se révèle impossible. Le Parlement doit en être informé dans le délai le plus bref. Par ailleurs, un conseiller régional peut démissionner.

c) Attributions

CGCT, art. L. 4221-1

Le conseil régional règle par ses délibérations les affaires de la région dans les domaines de compétences que la loi lui attribue.

Il a compétence pour promouvoir le développement économique, social, sanitaire, culturel et scientifique de la région, le soutien à l'accès au logement et à l'amélioration de l'habitat, le soutien à la politique de la ville et à la rénovation urbaine et le soutien aux politiques d'éducation et l'aménagement et l'égalité de ses territoires, ainsi que pour assurer la préservation de son identité et la promotion des langues régionales, dans le respect de l'intégrité, de l'autonomie et des attributions des départements et des communes.

Il peut engager des actions complémentaires de celles de l'État, des autres collectivités territoriales et des établissements publics situés dans la région, dans les domaines et les conditions fixés par les lois déterminant la répartition des compétences entre l'État, les communes, les départements et les régions.

Un conseil régional ou, par délibérations concordantes, plusieurs conseils régionaux peuvent

présenter des propositions tendant à modifier ou à adapter des dispositions législatives ou réglementaires, en vigueur ou en cours d'élaboration, concernant les compétences, l'organisation et le fonctionnement d'une, de plusieurs ou de l'ensemble des régions.
Les propositions adoptées par les conseils régionaux en application du quatrième alinéa du présent article sont transmises par les présidents de conseil régional au Premier ministre et au représentant de l'État dans les régions concernées.

Le conseil régional ne bénéficie donc pas de la clause générale de compétence (depuis la loi du 7 août 2015 portant Nouvelle organisation territoriale de la République). ***Il ne peut donc intervenir que dans les domaines de compétences qui lui sont attribués par la loi***.

Il s'agit notamment de la gestion du budget, de l'intervention économique – aides directes et indirectes au développement économique, schéma régional de développement économique, d'innovation et d'internationalisation... – ; de la formation et de l'enseignement – gestion des lycées, formation en alternance, programme d'apprentissage, insertion des jeunes en difficulté... – ; du logement ; de l'aménagement du territoire et des transports – contrat de projet État/région, schéma régional d'aménagement et de développement du territoire, transports ferroviaires régionaux, transports routiers non urbains des personnes... – ; environnement – qualité de l'air, gestion de l'eau... – ; culture – bibliothèques régionales, aides à la gestion de musées...

En outre, les compétences en matière de promotion de l'égalité entre les femmes et les hommes, de culture, de sport, de tourisme, de promotion des langues régionales et d'éducation populaire sont partagées entre les régions et les autres collectivités territoriales.

La mise en œuvre de ses compétences est soit obligatoire, soit facultative.

La région est chargée d'organiser, en ***qualité de chef de file***, les modalités de l'action commune des collectivités territoriales et de leurs établissements publics pour l'exercice des compétences relatives : à l'aménagement et au développement durable du territoire ; à la protection de la biodiversité ; au climat, à la qualité de l'air et à l'énergie ; à la politique de la jeunesse ; à l'intermodalité et à la complémentarité entre les modes de transports, notamment à l'aménagement des gares ; au soutien à l'enseignement supérieur et à la recherche (CGCT, art. L. 1111-9, II).

Le conseil régional peut déléguer une partie de ses attributions à sa commission permanente, à l'exception de celles relatives au vote du budget, à l'approbation du compte administratif. Il peut également procéder à des délégations au bénéfice de son président.

■ *L'organe exécutif : le président du conseil régional*

Le ***président du conseil*** régional est l'exécutif du conseil régional. Il est élu pour six ans en son sein. En tant qu'organe exécutif, il prépare et exécute les délibérations du conseil régional, il est ordonnateur de la région, il gère son patrimoine et est le chef des services régionaux. Il est seul chargé de l'administration. Il est également le responsable de la police de l'assemblée lors des réunions du conseil régional.

La ***commission permanente*** du conseil régional (CGCT, art. L. 4133 et s.) est présidée par le président du conseil régional. Elle est élue en son sein et composée de 4 à 15 vice-présidents et d'autres membres, sous réserve que le nombre total de ses membres ne soit pas supérieur au tiers de l'effectif du conseil régional. Entre les sessions du conseil régional, elle exerce les attributions que celui-ci lui a déléguées.

Le ***bureau*** est formé du président, des vice-présidents et, le cas échéant, des membres de la commission permanente ayant reçu délégation du président du conseil régional.

■ *Un organe consultatif : le conseil économique, social et environnemental régional*

Le conseil économique, social et environnemental régional est une assemblée consultative auprès du conseil régional et de son président.

Il a pour mission « d'informer le conseil régional sur les enjeux et conséquences économiques, sociaux et environnementaux des politiques régionales, de participer aux consultations organisées à l'échelle régionale, ainsi que de contribuer à des évaluations et à un suivi des politiques publiques régionales » (CGCT, art. L. 4134-1).

Chapitre 10

Les collectivités territoriales à statut dérogatoire

Il existe des collectivités territoriales à statut dérogatoire en métropole comme en outre-mer.

1 Les statuts dérogatoires de métropole

Plusieurs collectivités territoriales ont un statut dérogatoire en métropole.

■ *Paris, Lyon, Marseille*

Les règles applicables aux communes s'appliquent, sauf exceptions, à la Ville de Paris, et aux communes de Marseille et de Lyon (CGCT, art. L. 2511-1 et s.). Ainsi, elles restent régies par leur conseil municipal et leur maire. De par leur taille, elles sont néanmoins soumises à des dispositions spécifiques depuis les lois de décentralisation de 1982 reposant essentiellement sur leur découpage en arrondissements – 20 à Paris, 9 à Lyon, 16 à Marseille – dotés de leurs propres organes de représentation, le conseil d'arrondissement et son maire.

Le ***conseil d'arrondissement*** (CGCT, art. L. 2511-3 et s.), composé de conseillers municipaux ou conseillers de Paris et de conseillers d'arrondissement, est élu au suffrage universel direct dans chaque arrondissement (Paris, en principe et Lyon) ou dans chaque groupe d'arrondissements (composé de 2 arrondissements à Marseille).

Le fonctionnement du conseil d'arrondissement est semblable à celui des conseils municipaux, même si ses attributions sont moins étendues. Il a en charge la gestion d'équipements collectifs de proximité (crèches, stades, maisons des jeunes...) et dispose de compétences consultatives pour participer au pouvoir de décision du conseil municipal et du maire, garantissant ainsi l'unité de direction de la ville.

N.B. : La loi n° 2017-257 du 28 février 2017 relative au statut de Paris et à l'aménagement métropolitain regroupe dans un secteur les quatre premiers arrondissements de Paris. En conséquence, une seule mairie de secteur va remplacer les mairies de ces quatre arrondissements, les conseillers de Paris seront élus dans le secteur.

Le ***maire d'arrondissement*** (et ses adjoints) est élu par le conseil d'arrondissement en son sein. Ils ont un statut similaire à celui des maires et adjoints municipaux (CGCT, art. L. 2511-25 et s.).

■ *La Ville de Paris*

La loi n° 2017-257 du 28 février 2017 relative au statut de Paris et à l'aménagement métropolitain a fusionné commune et département de Paris. Elle a créé, à compter du 1er janvier 2019, une collectivité à statut particulier au sens de l'article 72 de la Constitution, dénommée Ville de Paris (CGCT, art. L. 2512-1 et s.). Celle-ci exerce, en principe, de plein droit sur son territoire les compétences attribuées par la loi à la commune et au département. La Ville de Paris dispose d'un budget, de biens, de services et de personnels propres.

Ses affaires sont réglées par les délibérations d'une assemblée, le conseil de Paris, et d'un organe exécutif, le maire de Paris.

Le conseil de Paris, composé de 163 membres, est sauf dispositions contraires, soumis aux règles applicables au fonctionnement des conseils municipaux.

La loi renforce les missions confiées aux maires et aux conseils d'arrondissement. Elle élargit également les attributions du maire de Paris en matière de police (salubrité sur la voie publique, bon ordre dans les foires et marchés, baignade...), même si cette dernière demeure confiée à un agent de l'État, le préfet de police de Paris (v. *supra*).

N.B. : La ***région Ile-de-France*** bénéficie aussi sur certains aspects d'un statut dérogatoire, en particulier en matière de gestion des équipements collectifs, d'espaces verts et de transports (CGCT, art. L. 4411-1 et s.).

■ *La métropole de Lyon*

La métropole de Lyon, créée par la loi *MAPTAM* du 27 janvier 2014 est une collectivité à statut particulier au sens de l'article 72 de la Constitution (CGCT, art. L. 3611-1 et s.). Elle se substitue à la communauté urbaine de Lyon et, dans les limites territoriales de celle-ci, au département du Rhône.

CGCT, art. L. 3611-2

La métropole de Lyon forme un espace de solidarité pour élaborer et conduire un projet d'aménagement et de développement économique, écologique, éducatif, sportif, culturel et social de son territoire, afin d'en améliorer la compétitivité et la cohésion.
Elle assure les conditions de son développement économique, social et environnemental au moyen des infrastructures, réseaux et équipements structurants métropolitains.

La métropole de Lyon est administrée par un organe délibératif, le conseil de métropole, qui est composé de membres élus au suffrage universel direct pour 6 ans et par un organe exécutif, le président du conseil de métropole. Le conseil de métropole élit les membres de la commission permanente, composée du président et d'un ou plusieurs vice-présidents du conseil de la métropole ainsi que, le cas échéant, d'un ou plusieurs conseillers métropolitains, à laquelle elle peut déléguer une partie de ses attributions.

Pour l'élaboration et la mise en œuvre des politiques de la métropole, peuvent être consultées les conférences territoriales des maires. Une instance de coordination entre la métropole de Lyon et les communes situées sur son territoire, la conférence métropolitaine, est également créée au sein de laquelle il peut être débattu de tous sujets d'intérêt métropolitain ou relatifs à l'harmonisation de l'action de ces collectivités. Elle est composée du président de la métropole, qui la préside, et des maires des communes.

La métropole de Lyon dispose de compétences importantes (CGCT, art. L. 3641-1 et s.). Elle exerce d'abord de plein droit en lieu et place des communes situées sur son territoire, des compétences en matière de développement et d'aménagement économique social et culturel ; en matière d'aménagement de l'espace métropolitain ; en matière de politique locale de l'habitat ; en matière de politique de la ville ; en matière de gestion des services d'intérêt collectif.

Elle exerce ensuite, sauf disposition contraire, les compétences attribuées au département.

Enfin, elle peut se voir déléguer des compétences régionales, voire étatiques (ex. : attribution des aides au logement locatif social, au logement intermédiaire ; gestion de la veille sociale, de l'accueil, de l'hébergement et de l'accompagnement au logement de toute personne ou famille sans domicile ou éprouvant des difficultés particulières d'accès au logement en raison de l'inadaptation de ses ressources ou de ses conditions d'existence...

■ *La collectivité de Corse*

La collectivité de Corse (CGCT, art. L. 4421-1) est une collectivité à statut particulier au sens de l'article 72 de la Constitution. Elle se substitue à la collectivité territoriale de Corse et aux départements de Corse-du-Sud et de Haute-Corse depuis le 1er janvier 2018. Elle s'administre librement dans les conditions relatives aux départements et aux régions sauf dispositions contraires.

Les organes de la collectivité de Corse sont l'Assemblée de Corse et son président (organe délibérant) le conseil exécutif de Corse et son président (organe exécutif collégial) assistés du conseil économique, social, environnemental et culturel de Corse (CGCT, art. L. 4422-1).

L'***Assemblée de Corse*** est composée de 63 membres élus au suffrage universel direct pour six ans, rééligibles. Elle règle par ses délibérations les affaires de la Corse et contrôle le conseil exécutif. Elle vote le budget, arrête le compte administratif, adopte le plan d'aménagement et de développement durable de la Corse. Elle est également consultée sur les projets et les propositions de loi ou de décret comportant des dispositions spécifiques à la Corse.

Le ***conseil exécutif de Corse***, composé de 11 membres, dirige l'action de la collectivité territoriale de Corse notamment dans les domaines du développement économique et social, de l'action éducative et culturelle et de l'aménagement de l'espace. Il contribue également à l'élaboration et à la mise en œuvre du plan d'aménagement et de développement durable de Corse. Son président prépare et exécute les délibérations de l'Assemblée de Corse, il est ordonnateur de la collectivité de Corse et il gère le patrimoine de la collectivité...

Le ***conseil économique social, environnemental et culturel de Corse*** est un organe consultatif composé de trois sections (développement économique et social et prospective ; culture, langue corse et éducation ; environnement et cadre de vie). Il assiste le conseil exécutif et l'Assemblée de Corse qui peuvent le saisir de demandes d'avis ou d'étude sur tout projet entrant dans les compétences de la collectivité de Corse en matière économique et sociale, intéressant l'avenir culturel de la Corse ou emportant des conséquences en matière d'éducation, d'environnement ou de cadre de vie. Il doit également être consulté par le président du conseil exécutif en particulier préalablement au projet de plan d'aménagement et de développement durable de la Corse, aux projets de documents de planification, aux projets de délibérations relatifs aux compétences en matière d'éducation, de culture et de langue corse...

Il existe également une ***chambre des territoires*** composée des membres du conseil exécutif de Corse, du président de l'Assemblée de Corse et de huit membres de l'assemblée élus en son sein, des présidents des communautés d'agglomération, des maires des communes de 10 000 habitants ou plus, d'un représentant des collectivités territoriales et groupements de collectivités des territoires de montagne, de huit représentants élus des présidents des communautés de communes et de huit représentants élus des maires des communes de moins de 10 000 habitants. Réunie sur un ordre du jour établi par le président du conseil exécutif, elle a pour rôle d'échanger des informations, de débattre de questions d'intérêt commun, de coordonner l'exercice des compétences des collectivités territoriales, notamment en matière d'investissement, et de promouvoir la prise en compte de la diversité des territoires dans la définition et la mise en œuvre des politiques publiques.

■ *La Collectivité européenne d'Alsace*

La loi du 2 août 2019 relative aux compétences de la Collectivité européenne d'Alsace, regroupe à compter du 1er janvier 2021, les départements du Bas-Rhin et du Haut-Rhin sous le nom de « Collectivité européenne d'Alsace ».

La Collectivité européenne d'Alsace bénéficiera, en plus des compétences exercées habituellement par les départements, de compétences renforcées notamment en matière de coopération transfrontalière avec l'Allemagne et la Suisse mais aussi dans les domaines de la voirie, de la promotion de la langue et du tourisme ou encore de la politique d'insertion.

2 Les statuts dérogatoires d'outre-mer

Plusieurs collectivités territoriales ont un statut dérogatoire outre-mer.

■ *Les départements et régions d'outre-mer*

Les départements et régions d'outre-mer sont régis par l'article 73 de la Constitution.

Pour les départements et régions d'outre-mer, le principe est celui de l'identité législative, malgré la reconnaissance d'une possible adaptation pour tenir compte des caractéristiques et des contraintes particulières de ces collectivités.

> **Constitution 1958, art. 73**
>
> Dans les départements et les régions d'outre-mer, les lois et règlements sont applicables de plein droit. Ils peuvent faire l'objet d'adaptations tenant aux caractéristiques et contraintes particulières de ces collectivités.
>
> Ces adaptations peuvent être décidées par ces collectivités dans les matières où s'exercent leurs compétences et si elles y ont été habilitées, selon le cas, par la loi ou par le règlement.
>
> Par dérogation au premier alinéa et pour tenir compte de leurs spécificités, les collectivités régies par le présent article peuvent être habilitées, selon le cas, par la loi ou par le règlement,

à fixer elles-mêmes les règles applicables sur leur territoire, dans un nombre limité de matières pouvant relever du domaine de la loi ou du règlement.
Ces règles ne peuvent porter sur la nationalité, les droits civiques, les garanties des libertés publiques, l'état et la capacité des personnes, l'organisation de la justice, le droit pénal, la procédure pénale, la politique étrangère, la défense, la sécurité et l'ordre publics, la monnaie, le crédit et les changes, ainsi que le droit électoral. Cette énumération pourra être précisée et complétée par une loi organique.
La disposition prévue aux deux précédents alinéas n'est pas applicable au département et à la région de La Réunion.
Les habilitations prévues aux deuxième et troisième alinéas sont décidées, à la demande de la collectivité concernée, dans les conditions et sous les réserves prévues par une loi organique. Elles ne peuvent intervenir lorsque sont en cause les conditions essentielles d'exercice d'une liberté publique ou d'un droit constitutionnellement garanti.
La création par la loi d'une collectivité se substituant à un département et une région d'outre-mer ou l'institution d'une assemblée délibérante unique pour ces deux collectivités ne peut intervenir sans qu'ait été recueilli, selon les formes prévues au second alinéa de l'article 72-4, le consentement des électeurs inscrits dans le ressort de ces collectivités.

Cinq collectivités territoriales relèvent de l'article 73 de la Constitution et présentent des configurations institutionnelles différentes. ***La Réunion*** et la ***Guadeloupe*** sont des régions d'outre-mer constituées d'un unique département (CGCT, art. L. 3441-1 et s.) ; la ***Guyane*** (CGCT, art. L. 7111-1 et s.) et la ***Martinique*** (CGCT, art. L. 7211-1 et s.) sont des collectivités territoriales uniques exerçant les compétences dévolues au département et à la région (L. n° 2011-884, 27 juill. 2011, relative aux collectivités de Guyane et de Martinique), enfin, ***Mayotte***, bien que qualifiée de « Département de Mayotte », est une collectivité unique (CGCT, art. LO 3511-1).

■ *Les collectivités d'outre-mer*

Les « collectivités d'outre-mer » se substituent aux territoires d'outre-mer depuis la loi constitutionnelle n° 2003-276 du 28 mars 2003 relative à l'organisation décentralisée de la République. Pour ces collectivités territoriales, le principe est celui de la spécialité législative, c'est-à-dire que les lois et règlements n'y sont applicables que si cela est expressément prévu. Leur statut, défini par une loi organique, tient compte de leurs intérêts propres au sein de la République, les adaptations justifiées par leurs spécificités sont donc variées.

Constitution 1958, art. 74

Les collectivités d'outre-mer régies par le présent article ont un statut qui tient compte des intérêts propres de chacune d'elles au sein de la République.

Ce statut est défini par une loi organique, adoptée après avis de l'assemblée délibérante, qui fixe :

– les conditions dans lesquelles les lois et règlements y sont applicables ;

– les compétences de cette collectivité ; sous réserve de celles déjà exercées par elle, le transfert de compétences de l'État ne peut porter sur les matières énumérées au quatrième alinéa de l'article 73, précisées et complétées, le cas échéant, par la loi organique ;

– les règles d'organisation et de fonctionnement des institutions de la collectivité et le régime électoral de son assemblée délibérante ;

– les conditions dans lesquelles ses institutions sont consultées sur les projets et propositions de loi et les projets d'ordonnance ou de décret comportant des dispositions particulières à la collectivité, ainsi que sur la ratification ou l'approbation d'engagements internationaux conclus dans les matières relevant de sa compétence.

La loi organique peut également déterminer, pour celles de ces collectivités qui sont dotées de l'autonomie, les conditions dans lesquelles :

– le Conseil d'État exerce un contrôle juridictionnel spécifique sur certaines catégories d'actes de l'assemblée délibérante intervenant au titre des compétences qu'elle exerce dans le domaine de la loi ;

– l'assemblée délibérante peut modifier une loi promulguée postérieurement à l'entrée en vigueur du statut de la collectivité, lorsque le Conseil constitutionnel, saisi notamment par les autorités de la collectivité, a constaté que la loi était intervenue dans le domaine de compétence de cette collectivité ;

– des mesures justifiées par les nécessités locales peuvent être prises par la collectivité en faveur de sa population, en matière d'accès à l'emploi, de droit d'établissement pour l'exercice d'une activité professionnelle ou de protection du patrimoine foncier ;

– la collectivité peut participer, sous le contrôle de l'État, à l'exercice des compétences qu'il conserve, dans le respect des garanties accordées sur l'ensemble du territoire national pour l'exercice des libertés publiques.

Les autres modalités de l'organisation particulière des collectivités relevant du présent article sont définies et modifiées par la loi après consultation de leur assemblée délibérante.

Cinq collectivités territoriales relèvent de cette catégorie et présentent des configurations institutionnelles différentes : ***Saint-Barthélemy*** (CGCT, art. LO 6211-1 et s.), ***Saint-Martin*** CGCT, art. LO 6311-1 et s.), ***Saint-Pierre-et-Miquelon*** (CGCT, art. LO 6411-1 et s.), ***Polynésie française*** (LO n° 2004-192, 27 févr. 2004 portant statut d'autonomie de la Polynésie française), ***Wallis-et-Futuna***.

■ *Les Terres australes et antarctiques françaises et l'île de Clipperton*

L'article 72-3 de la Constitution précise que « la loi détermine le régime législatif et l'organisation particulière des Terres australes et antarctiques françaises et de Clipperton ».

Les ***Terres australes et antarctiques françaises*** sont un territoire d'outre-mer doté de la personnalité morale et possédant l'autonomie administrative et financière. Il est composé de l'île Saint-Paul, l'île Amsterdam, l'archipel de Crozet, l'archipel de Kerguelen, la terre Adélie et les îles Bassas da India, Europa, Glorieuses, Juan da Nova et Tromelin. Son statut défini par la loi du 6 août 1955 a été actualisé par la loi n° 2007-224 du 21 février 2007 portant dispositions statutaires et institutionnelles relatives à l'outre-mer. Du fait de ses spécificités et notamment de la quasi-absence de résidents permanents, ce territoire est placé sous l'autorité d'un préfet, administrateur supérieur ; ce qui conduit parfois à la contestation de son statut de collectivité territoriale.

L'île de Clipperton est une île du Pacifique placée sous l'autorité directe du gouvernement, soumis au principe de l'identité législative. Elle a le statut de collectivité d'outre-mer depuis la loi n° 2007-224 du 21 février 2007 portant dispositions statutaires et institutionnelles relatives à l'outre-mer.

■ *La Nouvelle-Calédonie*

La Nouvelle-Calédonie est une collectivité *sui generis*. Le juge administratif a en effet considéré qu'elle n'est pas considérée comme une collectivité territoriale au sens de l'article 72 de la Constitution (*CE, 13 déc. 2006, n° 279323, Grenelle*).

Son statut est régi par le titre XIII de la Constitution (art. 76 et 77), issu des accords de Nouméa du 5 mai 1998. Celui-ci, complété par une loi organique (LO, n° 99-209, 19 mars 1999, relative à la Nouvelle-Calédonie) prévoit, outre la création de nouvelles institutions et le transfert progressif et irréversible de certaines compétences de la France vers la Nouvelle-Calédonie, la tenue d'un référendum sur l'accès à l'indépendance.

Le 4 novembre 2018, la population de la Nouvelle-Calédonie s'est prononcée par référendum contre l'indépendance et la pleine souveraineté du territoire (56,4 % des électeurs ont voté non à l'indépendance, 43,6 % ont voté oui). La loi organique de 1999 prévoit, dans cette hypothèse, qu'un nouveau référendum peut être organisé à la demande écrite du tiers des membres du Congrès, adressée au Haut-Commissaire et déposée à partir du sixième mois suivant le référendum négatif ; la nouvelle consultation ayant lieu dans les dix-huit mois suivant la saisine du Haut-commissaire. C'est dans ce cadre qu'un deuxième référendum est organisé le 6 septembre 2020.

Chapitre 11

La coopération locale

Le Code général des collectivités territoriales dispose que « les collectivités territoriales peuvent s'associer pour l'exercice de leurs compétences en créant des organismes publics de coopération dans les formes et conditions prévues par la législation en vigueur ».

Il précise « forment la catégorie des groupements de collectivités territoriales les établissements publics de coopération intercommunale et les syndicats mixtes, les pôles métropolitains, les pôles d'équilibre territoriaux et ruraux, les agences départementales, les institutions ou organismes interdépartementaux et les ententes interrégionales » (CGCT, art. L. 5111-1).

Des conventions peuvent également être conclues entre les collectivités territoriales et leurs groupements en vue de la réalisation de prestations de services.

Enfin, les collectivités territoriales et leurs groupement peuvent, dans certaines hypothèses, conclure des conventions avec des autorités locales étrangères dans le respect des engagements internationaux de la France.

1 La coopération intercommunale

La France compte près de 36 000 communes de dimension et de population très variables. Face aux difficultés soulevées par le morcellement communal, plusieurs solutions sont envisagées.

Depuis 1884, les communes peuvent fusionner. Devant le faible succès de cette formule, liée à la crainte des communes de perdre leur identité, les fusions-associations ont été encouragées par la loi du 16 juillet 1971. Ce processus, qui permet aux communes de conserver un maire délégué, quelques compétences et leur nom, n'a pas davantage convaincu. La loi du 16 décembre 2010 (complétée en 2015) a alors mis en place un nouveau dispositif : la ***commune nouvelle*** (CGCT, art. L. 2113-1 et s.). Cette dernière, soumise sauf exceptions aux règles applicables aux communes, est créée en lieu et place de communes contiguës, tout en accordant un rôle plus important aux conseils municipaux des anciennes communes et en s'accompagnant d'incitations financières plus importantes que dans les autres procédés de fusion.

La réussite relative de la fusion a conduit à recourir à d'autres modalités pour résoudre les problématiques liées au morcellement communal et en particulier au regroupement communal. Le Code général des collectivités territoriales dispose à cet égard que « le progrès de la coopération intercommunale se fonde sur la libre volonté des communes d'élaborer des projets communs de développement au sein de périmètres de solidarité » (CGCT, art. L. 5210-1).

Il existe plusieurs formes de coopération intercommunale. Il est possible de distinguer l'intercommunalité « de gestion » et « l'intercommunalité de projet », qui sont susceptibles d'être exercées par différentes structures : établissements publics de coopération intercommunale (EPCI), syndicat mixte, pôle métropolitain et pôle d'équilibre territorial et rural. Les syndicats de communes, les communautés de communes, les communautés urbaines, les communautés d'agglomération et les métropoles constituent la catégorie des EPCI.

Les deux formes de coopération intercommunale

Intercommunalité de « gestion »	Intercommunalité « de projet »
Forme associative sans fiscalité propre	**Forme fédérative à fiscalité propre**
Essentiellement en milieu rural. Pour une gestion commune de services ou d'une activité. Financement assuré par des contributions des communes membres.	Essentiellement urbaine pour faire face aux grands enjeux d'aménagement urbain. Financement propre par la fiscalité directe locale.
Structures intercommunales sans fiscalité propre : - les syndicats de communes (EPCI) ; - les syndicats mixtes ; - les pôles métropolitains ; - les pôles d'équilibre territoriaux et ruraux.	*Structures intercommunales à fiscalité propre* : - les communautés de communes (EPCI) ; - les communautés urbaines (EPCI) ; - les communautés d'agglomération (EPCI) ; - les métropoles (EPCI).

Afin de rationaliser le processus de la coopération intercommunale, un ***schéma de coopération intercommunale*** prévoyant une couverture intégrale du territoire par des établissements publics de coopération intercommunale à fiscalité propre et la suppression des enclaves et discontinuités territoriales est établi dans chaque département. Celui-ci est arrêté par le préfet après consultation des élus locaux et de la commission départementale de la coopération intercommunale (composée de représentants de communes, d'EPCI à fiscalité propre, de syndicats mixtes et de syndicats de communes, de représentants de conseil départemental et du conseil régional). Il est révisé tous les 6 ans.

Intercommunalités de France en 2020

Il existe aujourd'hui 10 621 groupements en France dont :
- 222 Communauté d'agglomération (CA)
- 996 Communauté de communes (CC)
- 14 Communauté urbaine (CU)
- 11 Établissement Public Territorial (EPT)
- 1 Métropole (MET69) (Métropole de Lyon)
- 21 Métropole (METRO)
- 123 Pôle d'Équilibre Territorial et Rural (PETR)
- 25 Pôle métropolitain (POLEM)
- 1276 Syndicat intercommunal à vocation multiple (SIVOM)
- 5122 Syndicat intercommunal à vocation unique (SIVU)
- 1990 Syndicat mixte fermé (SMF)
- 820 Syndicat mixte ouvert (SMO)

Source : Annuaire des intercommunalités de France, www.comersis.fr

N.B. : coopération intercommunale peut également être réalisée hors de ces structures de coopération à travers les ententes, les conventions et les conférences intercommunales (CGCT, art. L. 5221-1 et s.)

■ *Les structures intercommunales de gestion*

Il existe plusieurs structures intercommunales de gestion.

a) Le syndicat de communes (EPCI)

Le syndicat de communes est un établissement public de coopération intercommunale associant des communes en vue d'œuvres ou de services d'intérêt intercommunal (CGCT, art. L. 5212-1). Il est le plus ancien des établissements publics de coopération intercommunale puisqu'il trouve son origine dans une loi de 1880 (*v. supra*). Il peut être créé pour une durée déterminée ou pour une durée indéterminée.

Le syndicat de communes est administré par un organe délibératif, le comité du syndicat, composé de deux délégués (en principe) de chaque commune adhérente, et par un président élu en son sein, l'organe exécutif (CGCT, art. L. 5212-6 et s.).

Il existe différents types de syndicats de communes. Le ***syndicat de communes à vocation unique*** (SIVU), qui assure la gestion d'une seule œuvre ou d'un service d'intérêt intercommunal et le ***syndicat de communes à vocation multiple***, qui assure la gestion de plusieurs œuvres ou services d'intérêt intercommunal. Une commune peut par ailleurs n'adhérer à un ***syndicat « à la carte »*** que pour une partie des compétences que celui-ci exerce.

Le syndicat de communes est souvent créé notamment pour la gestion de l'eau, de l'assainissement, des ordures ménagères, des activités scolaires, du ramassage scolaire, *etc.*, et en milieu rural.

b) Le syndicat mixte

Le régime du syndicat mixte est prévu aux articles L. 5711-1 et suivants du Code général des collectivités territoriales.

Le ***syndicat mixte fermé*** est constitué exclusivement de communes et d'établissements publics de coopération intercommunale ou d'établissements publics de coopération intercommunale.

Le ***syndicat mixte ouvert*** peut être constitué par les collectivités territoriales, des groupements de collectivités territoriales ou d'autres personnes morales de droit public comme les chambres de commerce et d'industrie, d'agriculture, des métiers et d'autres établissements publics.

Le syndicat mixte est un **établissement public** qui doit, quelle que soit sa forme, contenir au moins une collectivité territoriale ou un groupement de collectivités. Il est créé en vue d'œuvres ou de services présentant une utilité pour chacune des personnes morales constitutives.

Le syndicat mixte est administré par un organe délibératif, le comité du syndicat, composé de délégués de chaque personne morale adhérente, et par un président élu en son sein, l'organe exécutif.

c) Le pôle métropolitain

Le pôle métropolitain (CGCT, art. L. 5731-1 et s.) est un ***établissement public soumis, en principe, aux règles juridiques des syndicats mixtes fermés*** sauf si une région, un département ou la métropole de Lyon en est membre. Dans ce cas, il est soumis aux règles applicables aux syndicats mixtes ouverts.

Le pôle métropolitain vise à réaliser des actions d'intérêt métropolitain, afin de promouvoir un modèle d'aménagement, de développement durable et de solidarité territoriale. Il est constitué par accord entre des établissements publics de coopération intercommunale à fiscalité propre, dont un compte plus de 100 000 habitants ainsi que, le cas échéant, la métropole de Lyon. À titre dérogatoire, peut regrouper, sur un territoire d'un seul tenant et sans enclave, des établissements publics de coopération intercommunale à fiscalité propre comprenant au moins un établissement public de coopération intercommunale de plus de 50 000 habitants frontaliers d'un autre État.

Les organes délibérants des établissements publics de coopération intercommunale membres du pôle métropolitain se prononcent, par délibérations concordantes, sur l'intérêt métropolitain des compétences qu'ils transfèrent ou des actions qu'ils délèguent au pôle métropolitain.

Exemples de pôle métropolitain

Pôle métropolitain du Pays de Brest ; Pôle métropolitain Nantes Saint-Nazaire ; Pôle métropolitain Pays de Béarn ; Pôle métropolitain Annecy-Chambéry ; Pôle Métropolitain de l'Estuaire de la Seine ; POLEM d'Alsace...

d) Le pôle d'équilibre territorial et rural

Le pôle d'équilibre territorial et rural (CGCT, art. L. 5741-1 et s.) est un ***établissement public soumis, en principe, aux règles applicables aux syndicats mixtes***.

Il est constitué par accord entre plusieurs établissements publics de coopération intercommunale à fiscalité propre et, le cas échéant, une commune nouvelle, au sein d'un périmètre d'un seul tenant et sans enclave. Un établissement public de coopération intercommunale à fiscalité propre ne peut appartenir à plus d'un pôle d'équilibre territorial et rural.

Le ***pôle d'équilibre territorial et rural***, mis en place dans les zones peu peuplées, élabore un projet de territoire qui « ***définit les conditions du développement économique, écologique, culturel et social dans le périmètre du pôle d'équilibre territorial et rural*** » et précise les « actions en matière de développement économique, d'aménagement de l'espace et de promotion de la transition écologique qui sont conduites par les établissements publics de coopération intercommunale ou, en leur nom et pour leur compte, par le pôle d'équilibre territorial et rural ».

Exemples de Pôle d'équilibre territorial et rural

PETR de l'Ariège ; PETR du Haut Rouergue ; PETR du Pays de Saint-Malo ; PETR du Pays de Ploërmel – Cœur de Bretagne ; PETR Pays vallée du Loir ; PETR du Pays de Cocagne...

■ *Les structures intercommunales de projet*

Il existe plusieurs règles communes aux différentes structures intercommunales à fiscalité propre.

Une commune ne peut appartenir qu'à un établissement public de coopération intercommunale à fiscalité propre.

a) Organes des établissements publics de coopération intercommunale

Les EPCI à fiscalité propre sont administrés par un organe délibérant, le conseil communautaire (CGCT, art. L. 5211-6 et s.), et d'un organe exécutif, le président (CGCT, art. L. 5211-9 et s.).

Le ***conseil communautaire*** est composé de représentants des communes membres. La durée de leur mandat est la même que celle des conseillers municipaux de la commune qu'ils représentent, soit 6 ans.

Les conseillers communautaires sont élus dans le cadre de l'élection municipale au suffrage universel direct pour toutes les communes dont le conseil municipal est élu au scrutin de liste (C. élect., art. L. 273-6 et s.). Pour les communes de moins de 1 000 habitants, les conseillers communautaires sont les membres du conseil municipal désignés dans l'ordre du tableau : maire, adjoints, conseillers municipaux (C. élect., art. L. 273-11 et s.). Les conseillers communautaires doivent donc avoir été élus au conseil municipal. En conséquence, les règles d'inéligibilité et d'incompatibilité sont celles prévues pour les conseillers municipaux. Le nombre et la répartition des sièges des conseillers communautaires varient d'un EPCI à l'autre et sont fixés selon des modalités déterminées par la loi.

Le fonctionnement du conseil communautaire est soumis sauf dispositions contraires aux règles applicables au fonctionnement du conseil municipal (CGCT, art. L. 5211-1). L'organe délibérant de l'EPCI se réunit une fois par trimestre sur convocation du président. Les séances sont en principe publiques mais elles peuvent avoir lieu à huis clos à la demande de cinq membres ou du président et sur décision de l'organe délibérant sans débat, à la majorité absolue de ses membres présents ou représentés.

L'organe exécutif de l'EPCI est le président. Celui-ci prépare et exécute les délibérations du conseil communautaire. Il est l'ordonnateur de l'EPCI. Il est seul chargé de l'administration, chef des services de l'EPCI et son représentant en justice. Enfin, il procède à certaines nominations. Le ***bureau de l'établissement public de coopération intercommunale*** est composé du président, d'un ou plusieurs vice-présidents et, éventuellement, d'un ou de plusieurs autres membres. Il peut recevoir délégation d'une partie des attributions de l'organe délibérant, sauf dans certains domaines (ex. : vote du budget, délégation de la gestion d'un service public...).

Dans les EPCI de plus de 50 000 habitants, est mis en place un ***conseil de développement*** ; en dessous de ce seuil démographique, il peut être mis en place (CGCT, art. L. 5211-10-1 et s.), composé de représentants des milieux économiques, sociaux, culturels, éducatifs, scientifiques, environnementaux et associatifs du périmètre de l'établissement public. Il est consulté sur l'élaboration du projet de territoire ainsi que sur la conception et l'évaluation des politiques locales de promotion du développement durable du périmètre. Il peut également donner son avis sur toute autre question relevant de son périmètre.

N.B. : L'article L. 5211-4 du Code général des collectivités territoriales prévoit que « les lois et règlements concernant le contrôle administratif des communes sont applicables aux établissements publics de coopération intercommunale ».

b) La communauté de communes

La communauté de communes (CGCT, art. L. 5214-1 et s.) est un établissement public de coopération intercommunale, institué par la loi n° 92-125 du 6 février 1992 relative à l'administration territoriale de la République. Elle regroupe plusieurs communes d'un seul tenant et sans enclave sans exigence de taille démographique. Aussi, si elle est utilisée en milieu rural, elle peut aussi permettre la coopération en milieu urbain.

L'objet de cet EPCI est d'associer des communes au sein d'un espace de solidarité, en vue de l'élaboration d'un projet commun de développement et d'aménagement de l'espace. Elle peut donc être créée soit pour une durée déterminée, soit pour une durée indéterminée.

Afin de mener à bien le projet, la communauté de communes bénéficie de transferts compétences, obligatoires et facultatifs, de la part des communes membres (CGCT, art. L. 5214-16).

Compétences de la communauté de communes

La communauté de communes exerce de plein droit au lieu et place des communes membres les compétences relevant de chacun des groupes suivants : ***[compétences exercées obligatoirement]***

- Aménagement de l'espace pour la conduite d'actions d'intérêt communautaire ; schéma de cohérence territoriale et schéma de secteur ; plan local d'urbanisme, document d'urbanisme en tenant lieu et carte communale ;
- Actions de développement économique (...) ; création, aménagement, entretien et gestion de zones d'activité industrielle, commerciale, tertiaire, artisanale, touristique, portuaire ou aéroportuaire ; politique locale du commerce et soutien aux activités commerciales d'intérêt

communautaire ; promotion du tourisme ;
- Gestion des milieux aquatiques et prévention des inondations ;
- Création, aménagement, entretien et gestion des aires d'accueil des gens du voyage et des terrains familiaux locatifs ;
- Collecte et traitement des déchets des ménages et déchets assimilés ;
- Assainissement des eaux usées ;
- Eau, sans préjudice de l'article 1er de la loi n° 2018-702 du 3 août 2018 relative à la mise en œuvre du transfert des compétences eau et assainissement aux communautés de communes.
La communauté de communes peut par ailleurs exercer, en lieu et place des communes, pour la conduite d'actions d'intérêt communautaire, les compétences relevant des groupes suivants : ***[compétences facultatives]***
- Protection et mise en valeur de l'environnement, le cas échéant dans le cadre de schémas départementaux et soutien aux actions de maîtrise de la demande d'énergie ;
- Politique du logement et du cadre de vie ;
- En matière de politique de la ville : élaboration du diagnostic du territoire et définition des orientations du contrat de ville ; animation et coordination des dispositifs contractuels de développement urbain, de développement local et d'insertion économique et sociale ainsi que des dispositifs locaux de prévention de la délinquance ; programmes d'actions définis dans le contrat de ville ;
- Création, aménagement et entretien de la voirie ;
- Construction, entretien et fonctionnement d'équipements culturels et sportifs d'intérêt communautaire et d'équipements de l'enseignement préélémentaire et élémentaire d'intérêt communautaire ;
- Action sociale d'intérêt communautaire.
- Création et gestion de maisons de services au public et définition des obligations de service public y afférentes.

Exemples de communauté de communes

CC cœur de Charente ; CC Communauté Lesneven Côte des Légendes ; CC du Frontonnais ; CC de Brocéliande ; CC Pyrénées Catalanes...

c) La communauté urbaine

La communauté urbaine (CGCT, art. L. 5215-1 et s.) est un établissement public de coopération intercommunale créée sans limitation de durée. Elle a été instituée par une loi du 31 décembre 1966 relative aux communautés urbaines, mais son statut a été renouvelé par la loi du 12 juillet 1999 relative au renforcement et à la simplification de la coopération intercommunale. Il s'agit donc d'une formule ancienne de coopération intercommunale, aujourd'hui concurrencée par d'autres modes de coopération, en particulier la métropole. La communauté urbaine regroupe « plusieurs communes d'un seul tenant et sans enclave qui forment, à la date de sa création, un ensemble de plus de 250 000 habitants et qui s'associent au sein d'un espace de solidarité, pour élaborer et conduire ensemble un projet commun de développement urbain et d'aménagement de leur territoire ».

La communauté urbaine bénéficie en vue de la réalisation de ce projet de transferts de compétences, obligatoires et facultatifs de la part des communes membres (CGCT, art. L. 5215-20).

Compétences de la communauté urbaine

La communauté urbaine exerce de plein droit, au lieu et place des communes membres, les compétences suivantes : ***[compétences exercées obligatoirement]***

1° En matière de développement et d'aménagement économique, social et culturel de l'espace communautaire :

- Création, aménagement, entretien et gestion de zones d'activité industrielle, commerciale, tertiaire, artisanale, touristique, portuaire ou aéroportuaire ;
- Actions de développement économique ;
- Construction ou aménagement, entretien, gestion et animation d'équipements, de réseaux d'équipements ou d'établissements culturels, socioculturels, socio-éducatifs, sportifs, lorsqu'ils sont d'intérêt communautaire ;
- Lycées et collèges ;
- Promotion du tourisme, dont la création d'offices de tourisme ;
- Programme de soutien et d'aides aux établissements d'enseignement supérieur et de recherche et aux programmes de recherche ;

2° En matière d'aménagement de l'espace communautaire :

- Schéma de cohérence territoriale et schéma de secteur ; plan local d'urbanisme et documents d'urbanisme en tenant lieu ; définition, création et réalisation d'opérations d'aménagement d'intérêt communautaire, constitution de réserves foncières ;

- Organisation de la mobilité ; création, aménagement et entretien de voirie ; signalisation ; parcs et aires de stationnement ; plan de déplacements urbains ;
3° En matière d'équilibre social de l'habitat sur le territoire communautaire :
- Programme local de l'habitat ;
- Politique du logement ; aides financières au logement social ; actions en faveur du logement social ; action en faveur du logement des personnes défavorisées ;
- Opérations programmées d'amélioration de l'habitat, actions de réhabilitation et résorption de l'habitat insalubre ;
4° En matière de politique de la ville : élaboration du diagnostic du territoire et définition des orientations du contrat de ville ; animation et coordination des dispositifs contractuels de développement urbain, de développement local et d'insertion économique et sociale ainsi que des dispositifs locaux de prévention de la délinquance ; programmes d'actions définis dans le contrat de ville ;
5° En matière de gestion des services d'intérêt collectif :
- Assainissement des eaux usées, gestion des eaux pluviales urbaines ;
- Création, extension et translation des cimetières, ainsi que création et extension des crématoriums et des sites cinéraires ;
- Abattoirs, abattoirs marchés et marchés d'intérêt national ;
- Services d'incendie et de secours ;
- Contribution à la transition énergétique ;
- Création, aménagement, entretien et gestion de réseaux de chaleur ou de froid urbains ;
- Concessions de la distribution publique d'électricité et de gaz ;
- Création et entretien des infrastructures de charge de véhicules électriques ;
6° En matière de protection et mise en valeur de l'environnement et de politique du cadre de vie :
- Collecte et traitement des déchets des ménages et déchets assimilés ;
- Lutte contre la pollution de l'air ;
- Lutte contre les nuisances sonores ;
- Soutien aux actions de maîtrise de la demande d'énergie ;
- Gestion des milieux aquatiques et prévention des inondations ;
7° Création, aménagement, entretien et gestion des aires d'accueil des gens du voyage et des terrains familiaux locatifs définis aux 1° à 3° du II de l'article 1er de la loi n° 2000-614 du 5 juillet 2000 relative à l'accueil et à l'habitat des gens du voyage.

Elle peut aussi, par convention passée avec le département, exercer tout ou partie des compétences qui, dans le domaine social, sont attribuées au département. Il en est de même, sous certaines conditions, dans le domaine de la voirie.

Liste des 14 communautés urbaines au 1er janvier 2020

Département	Nom de l'EPCI à FP	Nombre de communes
78	CU Grand Paris Seine et Oise	73
49	CU Angers Loire Métropole	29
51	CU du Grand Reims	143
76	CU Le Havre Seine Métropole	54
14	CU Caen la Mer	48
66	CU Perpignan Méditerranée Métropole	36
87	CU Limoges Métropole	20
72	CU Le Mans Métropole	19
59	CU de Dunkerque	17
25	CU Grand Besançon Métropole	68
86	CU du Grand Poitiers	40
62	CU d'Arras	46
71	CU Le Creusot Montceau-les-Mines	34
61	CU d'Alençon	31

Source : DGCL/Département des études et des statistiques locales

d) La communauté d'agglomération

La communauté d'agglomération (CGCT, art. L. 5216-1) est un établissement public de coopération intercommunale institué par la loi n° 99-586 du 12 juillet 1999 relative au renforcement et à la simplification de la coopération intercommunale, créée sans limitation de durée.

Elle regroupe « plusieurs communes formant, à la date de sa création, un ensemble de plus de 50 000 habitants d'un seul tenant et sans enclave, autour d'une ou plusieurs communes centre de plus de 15 000 habitants ». Il existe cependant des exceptions à ces différents seuils en particulier « le seuil démographique de 15 000 habitants ne s'applique pas lorsque la communauté d'agglomération comprend le chef-lieu du département ou la commune la plus importante du département ou lorsque la commune la plus peuplée est la commune centre d'une unité urbaine de plus de 15 000 habitants » et « le seuil démographique de 50 000 habitants est réduit à 30 000 habitants lorsque la communauté d'agglomération comprend le chef-lieu du département ».

La communauté d'agglomération a pour objectif d'associer au sein d'un espace de solidarité des communes en vue « d'élaborer et conduire ensemble un projet commun de développement urbain et d'aménagement de leur territoire ». Elle bénéficie à cette fin de nombreuses compétences, obligatoires et facultatives, transférées par les communes membres (CGCT, art. L. 5216-5).

Compétences de la communauté d'agglomération

La communauté d'agglomération exerce de plein droit au lieu et place des communes membres les compétences suivantes : ***[compétences exercées obligatoirement]***

- En matière de développement économique : actions de développement ; création, aménagement, entretien et gestion de zones d'activité industrielle, commerciale, tertiaire, artisanale, touristique, portuaire ou aéroportuaire ; politique locale du commerce et soutien aux activités commerciales d'intérêt communautaire ; promotion du tourisme, dont la création d'offices de tourisme ;
- En matière d'aménagement de l'espace communautaire : schéma de cohérence territoriale et schéma de secteur ; plan local d'urbanisme, document d'urbanisme en tenant lieu et carte communale ; définition, création et réalisation d'opérations d'aménagement d'intérêt communautaire ; organisation de la mobilité ;
- En matière d'équilibre social de l'habitat : programme local de l'habitat ; politique du logement d'intérêt communautaire ; actions et aides financières en faveur du logement social d'intérêt communautaire ; réserves foncières pour la mise en œuvre de la politique communautaire d'équilibre social de l'habitat ; action, par des opérations d'intérêt communautaire, en faveur du logement des personnes défavorisées ; amélioration du parc immobilier bâti d'intérêt communautaire ;
- En matière de politique de la ville : élaboration du diagnostic du territoire et définition des orientations du contrat de ville ; animation et coordination des dispositifs contractuels de développement urbain, de développement local et d'insertion économique et sociale ainsi que des dispositifs locaux de prévention de la délinquance ; programmes d'actions définis dans le contrat de ville.

- Gestion des milieux aquatiques et prévention des inondations ;
- En matière d'accueil des gens du voyage : création, aménagement, entretien et gestion des aires d'accueil et des terrains familiaux locatifs ;
- Collecte et traitement des déchets des ménages et déchets assimilés ;
- Eau ;
- Assainissement des eaux usées, dans les conditions prévues à l'article L. 2224-8 ;
- Gestion des eaux pluviales urbaines, au sens de l'article L. 2226-1.

La communauté d'agglomération peut par ailleurs exercer en lieu et place des communes les compétences relevant des groupes suivants : ***[compétences facultatives]***

- Création ou aménagement et entretien de voirie d'intérêt communautaire ; création ou aménagement et gestion de parcs de stationnement d'intérêt communautaire ;
- En matière de protection et de mise en valeur de l'environnement et du cadre de vie : lutte contre la pollution de l'air, lutte contre les nuisances sonores, soutien aux actions de maîtrise de la demande d'énergie ;
- Construction, aménagement, entretien et gestion d'équipements culturels et sportifs d'intérêt communautaire ;
- Action sociale d'intérêt communautaire ;
- Création et gestion de maisons de services au public et définition des obligations de service au public y afférentes en application de l'article 27-2 de la loi n° 2000-321 du 12 avril 2000 relative aux droits des citoyens dans leurs relations avec les administrations.

Elle peut aussi, par convention passée avec le département, exercer tout ou partie des compétences qui, dans le domaine social, sont attribuées au département. Il en est de même, sous certaines conditions, dans le domaine de la voirie.

Exemples de communauté d'agglomération

CA Pau Béarn Pyrénées ; CA Rodez Agglomération ; CA Territoires Vendômois ; CA du Pays Basque ; CA du Grand Angoulême ; CA Quimper Bretagne Occidentale ...

e) La métropole

L'article L. 5217-1 du Code général des collectivités territoriales dispose que « la métropole est un établissement public de coopération intercommunale à fiscalité propre regroupant plusieurs communes d'un seul tenant et sans enclave au sein d'un espace de solidarité pour élaborer et conduire ensemble un projet d'aménagement et de développement économique, écologique, éducatif, culturel et social de leur territoire afin d'en améliorer la cohésion et la compétitivité et de concourir à un développement durable et solidaire du territoire régional. Elle valorise les fonctions économiques métropolitaines, ses réseaux de transport et ses ressources universitaires, de recherche et d'innovation, dans un esprit de coopération régionale et interrégionale et avec le souci d'un développement territorial équilibré ».

La métropole a été instituée en 2010 et son statut renforcé par la loi du 27 janvier 2014 de modernisation de l'action publique territoriale et d'affirmation des métropoles. Son objectif est d'octroyer aux plus grandes agglomérations françaises une administration et une politique unitaires dans un contexte d'accélération de la mondialisation et d'élargissement de l'Union européenne, et de concurrence subséquente des grandes villes mondiales et européennes.

Les compétences des métropoles sont nombreuses et sont issues non seulement des compétences communales mais encore dans certains domaines des compétences départementales, régionales, voire étatiques (CGCT, art. L. 5217-2).

Compétences de la métropole

La métropole exerce de plein droit, en lieu et place des communes membres, les compétences suivantes :

1° En matière de développement et d'aménagement économique, social et culturel :

- Création, aménagement et gestion des zones d'activité industrielle, commerciale, tertiaire, artisanale, touristique, portuaire ou aéroportuaire ;
- Actions de développement économique, ainsi que soutien et participation au pilotage des pôles de compétitivité situés sur son territoire ;
- Construction, aménagement, entretien et fonctionnement d'équipements culturels, socioculturels, socio-éducatifs et sportifs d'intérêt métropolitain ;
- Promotion du tourisme, dont la création d'offices de tourisme, sans préjudice de l'animation touristique qui est une compétence partagée, au sens de l'article L. 1111-4, avec les communes membres de l'établissement public de coopération intercommunale à fiscalité propre ;
- Programme de soutien et d'aides aux établissements d'enseignement supérieur et de recherche et aux programmes de recherche, en tenant compte du schéma régional de l'enseignement supérieur, de la recherche et de l'innovation ;

2° En matière d'aménagement de l'espace métropolitain :

- Schéma de cohérence territoriale et schéma de secteur ; plan local d'urbanisme, document en tenant lieu ou carte communale ; définition, création et réalisation d'opérations d'aménagement d'intérêt métropolitain ; actions de valorisation du patrimoine naturel et paysager ; constitution de réserves foncières ;
- Organisation de la mobilité ; création, aménagement et entretien de voirie ; signalisation ; abris de voyageurs ; parcs et aires de stationnement et plan de déplacements urbains ;
- Création, aménagement et entretien des espaces publics dédiés à tout mode de déplacement urbain ainsi qu'à leurs ouvrages accessoires ;
- Participation à la gouvernance et à l'aménagement des gares situées sur le territoire métropolitain ;
- Etablissement, exploitation, acquisition et mise à disposition d'infrastructures et de réseaux de télécommunications ;
3° En matière de politique locale de l'habitat :
- Programme local de l'habitat ;
- Politique du logement ; aides financières au logement social ; actions en faveur du logement social ; actions en faveur du logement des personnes défavorisées ;
- Amélioration du parc immobilier bâti, réhabilitation et résorption de l'habitat insalubre ;
- Création, aménagement, entretien et gestion des aires d'accueil des gens du voyage et des terrains familiaux locatifs définis aux 1° à 3° du II de l'article 1er de la loi n° 2000-614 du 5 juillet 2000 relative à l'accueil et à l'habitat des gens du voyage ;
4° En matière de politique de la ville :
- Élaboration du diagnostic du territoire et définition des orientations du contrat de ville ;
- Animation et coordination des dispositifs contractuels de développement urbain, de développement local et d'insertion économique et sociale ainsi que des dispositifs locaux de prévention de la délinquance ;
- Programmes d'actions définis dans le contrat de ville ;
5° En matière de gestion des services d'intérêt collectif :
- Assainissement des eaux usées, gestion des eaux pluviales urbaines ;
- Création, gestion, extension et translation des cimetières et sites cinéraires d'intérêt métropolitain ainsi que création, gestion et extension des crématoriums ;
- Abattoirs, abattoirs marchés et marchés d'intérêt national ;
- Services d'incendie et de secours, dans les conditions fixées au chapitre IV du titre II du livre IV de la première partie du présent code ;
- Service public de défense extérieure contre l'incendie ;

6° En matière de protection et de mise en valeur de l'environnement et de politique du cadre de vie :
- Gestion des déchets ménagers et assimilés ;
- Lutte contre la pollution de l'air ;
- Lutte contre les nuisances sonores ;
- Contribution à la transition énergétique ;
- Soutien aux actions de maîtrise de la demande d'énergie ;
- Élaboration et adoption du plan climat-air-énergie territorial, en cohérence avec les objectifs nationaux en matière de réduction des émissions de gaz à effet de serre, d'efficacité énergétique et de production d'énergie renouvelable ;
- Concession de la distribution publique d'électricité et de gaz ;
- Création, aménagement, entretien et gestion de réseaux de chaleur ou de froid urbains ;
- Création et entretien des infrastructures de charge nécessaires à l'usage des véhicules électriques ou hybrides rechargeables ou de navires à quai ainsi que des points de ravitaillement en gaz ou en hydrogène pour véhicules ou pour navires, ou mise en place d'un service associé ;
- Gestion des milieux aquatiques et prévention des inondations ;
- Autorité concessionnaire de l'État pour les plages.

L'État peut notamment déléguer, par convention, à la métropole qui en fait la demande, dès lors qu'elle dispose d'un programme local de l'habitat exécutoire (sous conditions) :
- L'attribution des aides au logement locatif social, au logement intermédiaire et en faveur de la location-accession ;
- La mise en œuvre de la procédure de réquisition avec attributaire ;
- La gestion de la veille sociale, de l'accueil, de l'hébergement et de l'accompagnement au logement de toute personne ou famille sans domicile ou éprouvant des difficultés particulières d'accès au logement en raison de l'inadaptation de ses ressources ou de ses conditions d'existence ;
- La délivrance aux organismes d'habitations à loyer modéré des agréments d'aliénation de logements et situés sur le territoire métropolitain.

Par convention passée avec le département, la métropole exerce à l'intérieur de son périmètre, par transfert, en lieu et place du département, ou par délégation, au nom et pour le compte du département, tout ou partie des groupes de compétences suivants :
- Attribution des aides au titre du fonds de solidarité pour le logement ;

- Missions confiées au service public départemental d'action sociale ;
- Adoption, adaptation et mise en œuvre du programme départemental d'insertion ;
- Aide aux jeunes en difficulté ;
- Actions de prévention spécialisée auprès des jeunes et des familles en difficulté ou en rupture avec leur milieu ;
- Personnes âgées et action sociale ou une partie de ces compétences, à l'exclusion de la prise en charge des prestations légales d'aide sociale ;
- Tourisme, culture et construction, exploitation et entretien des équipements et infrastructures destinés à la pratique du sport, ou une partie de ces compétences ;
- Construction, reconstruction, aménagement, entretien et fonctionnement des collèges. À ce titre, la métropole assure l'accueil, la restauration, l'hébergement ainsi que l'entretien général et technique, à l'exception des missions d'encadrement et de surveillance des élèves, dans les collèges dont elle a la charge ;
- Gestion des routes classées dans le domaine public routier départemental ainsi que de leurs dépendances et accessoires. Ce transfert est constaté par arrêté du représentant de l'État dans le département. Cet arrêté emporte le transfert à la métropole des servitudes, droits et obligations correspondants ainsi que le classement des routes transférées dans le domaine public de la métropole.

Par convention passée avec la région, à la demande de celle-ci ou de la métropole, la métropole exerce à l'intérieur de son périmètre, en lieu et place de la région :

- La compétence en matière de construction, de reconstruction, d'aménagement, d'entretien et de fonctionnement des lycées. À ce titre, la métropole assure l'accueil, la restauration, l'hébergement ainsi que l'entretien général et technique, à l'exception des missions d'encadrement et de surveillance des élèves, dans les lycées dont elle a la charge ;
- Les compétences exercées par la région en matière de développement économique.

La métropole est associée de plein droit à l'élaboration, la révision et la modification des schémas et documents de planification en matière d'aménagement, de développement économique et d'innovation, de transports et d'environnement, d'enseignement supérieur et de recherche, dont la liste est fixée par décret en Conseil d'État et qui relèvent de la compétence de l'État, d'une collectivité territoriale ou de leurs établissements publics, lorsque ces schémas et documents ont une incidence ou un impact sur le territoire de la métropole.

L'État peut transférer à la métropole qui en fait la demande la propriété, l'aménagement, l'entretien et la gestion de grands équipements et infrastructures. Ces transferts sont effectués à titre gratuit et ne donnent lieu au paiement d'aucune indemnité ou taxe, ni d'aucun droit, salaire ou honoraire.

Afin de renforcer et de développer ses rapports de voisinage européen, la métropole peut adhérer à des structures de coopération transfrontalière.
La métropole assure la fonction d'autorité organisatrice d'une compétence qu'elle exerce sur son territoire. Elle définit les obligations de service au public et assure la gestion des services publics correspondants, ainsi que la planification et la coordination des interventions sur les réseaux concernés par l'exercice des compétences.

La création d'une métropole est soit imposée par la loi et réalisée par décret (Bordeaux, Brest, Grenoble, Lille, Montpellier, Nantes, Rennes, Rouen, Strasbourg et Toulouse), soit résulte de la volonté locale dans des conditions prévues par le Code général des collectivités territoriales (CGCT, art. L. 5217-1).

Il existe 21 métropoles en plus de la métropole de Lyon, qui est une collectivité territoriale à statut particulier (v. *supra*).

Liste des métropoles au 1er janvier 2020

Département	Nom de l'EPCI à FP	Nombre de communes
75	Métropole du Grand Paris	131
13	Métropole d'Aix-Marseille-Provence	92
59	Métropole Européenne de Lille	90
33	Bordeaux Métropole	28
31	Toulouse Métropole	37
44	Nantes Métropole	24
06	Métropole Nice Côte d'Azur	49
67	Eurométropole de Strasbourg	33
76	Métropole Rouen Normandie	71
34	Montpellier Méditerranée Métropole	31
35	Rennes Métropole	43
38	Grenoble-Alpes-Métropole	49
83	Métropole Toulon-Provence-Méditerranée	12

42	Saint-Etienne Métropole	53
37	Tours Métropole Val de Loire	22
63	Clermont Auvergne Métropole	21
45	Orléans Métropole	22
54	Métropole du Grand Nancy	20
21	Dijon Métropole	23
57	Metz Métropole	44
29	Brest Métropole	8
Total des 21 métropoles		**903**

Source : DGCL/Département des études et des statistiques locales.

N.B. : Certaines métropoles ont un statut dérogatoire : la ***métropole d'Aix-Marseille-Provence*** qui regroupe l'ensemble des communes membres de la communauté urbaine Marseille Provence métropole, de la communauté d'agglomération du Pays d'Aix-en-Provence, de la communauté d'agglomération Salon Étang de Berre Durance, de la communauté d'agglomération du Pays d'Aubagne et de l'Étoile, du syndicat d'agglomération nouvelle Ouest Provence et de la communauté d'agglomération du Pays de Martigues (CGCT, art. L. 5218-1) et la ***métropole du Grand Paris*** (CGCT, art. L. 5219-1 et s.). Cette dernière comprend en particulier la Ville de Paris, et l'ensemble des communes des départements des Hauts-de-Seine, de la Seine-Saint-Denis et du Val-de-Marne.

2 La coopération interdépartementale et interrégionale

Il existe plusieurs modalités de coopération entre départements et entre régions.

■ *La coopération entre départements*

La coopération interdépartementale est prévue aux articles L. 5411-1 et suivants du Code général des collectivités territoriales.

Une entente peut être provoquée entre au moins deux conseils départementaux sur des objets d'utilité départementale compris dans leurs attributions et qui intéressent à la fois leurs départements respectifs.

Au moins deux départements peuvent également constituer des organismes et institutions interdépartementales (avec possibilité d'y associer des conseils régionaux et municipaux). Ces derniers sont des établissements publics.

■ *La coopération entre régions*

La coopération interrégionale est prévue aux articles L. 5611-1 et suivants du Code général des collectivités territoriales.

Pour l'exercice de leurs compétences, deux ou plusieurs régions peuvent, pour l'exercice de leurs compétences, conclure entre elles des conventions ou créer des institutions d'utilité commune.

Elles peuvent également créer une entente interrégionale qui est un établissement public qui associe plusieurs régions ayant un territoire continu. Celui-ci exerce les compétences énumérées dans la décision institutive au lieu et place des régions membres. L'entente interrégionale est administrée par un conseil, composé de délégués des conseils régionaux, qui élit le président chargé de présider la commission permanente.

BIBLIOGRAPHIE

Ouvrages

– Delamarre (M.), *Leçons d'institutions administratives*, 2e éd., 2016, Ellipses.

– Faure (B.), *Droit des collectivités territoriales*, 5e éd., 2018, Dalloz.

– Gerard (P.), *L'administration de l'État*, 3e éd., 2018, LexisNexis.

– Gohin (O.), Sorbara (J.-G.), *Institutions administratives*, 7e éd., 2016, LGDJ-Lextenso.

– Gonod (P.), *Droit administratif général*, 2018, Dalloz.

– Guettier (C.), *Institutions administratives*, 7e éd., 2019, Dalloz.

– Jan (P.), *Institutions administratives*, 5e éd., 2015, LexisNexis.

– Janicot L., Verpeaux M., *Droit des collectivités territoriales*, 2019, LGDJ-Lextenso.

– Maillard Desgrées du Loû (D.), *Institutions administratives*, 2e éd., 2015, PUF, Thémis.

– Oberdorff (H.), Kada (N.), *Les institutions administratives*, 9e éd., 2019, Sirey.

– Plessix (B.), *Droit administratif général*, 2e éd., 2018, LexisNexis.

– Rouault (M.-C.), *Droit administratif et institutions administratives*, 5e éd., 2018, Bruylant.

– Serrand (P.), *Manuel d'institutions administratives françaises*, 5e éd., 2015, PUF.

– Zarka (J.-C.), *Institutions administratives*, 2019, Gualino-Lextenso.

Sites internet

– Site de l'Assemblée nationale : www.assemblée-nationale.fr

– Site du Conseil constitutionnel : www.conseil-constitutionnel.fr

– Site du Conseil économique, social et environnemental : www.lecese.fr

– Site du Conseil d'État : www.conseil-etat.fr

– Site de la Cour des comptes : www.ccomptes.fr

– Site de l'Élysée : https://www.elysee.fr/

– Site de Légifrance : www.légifrance.gouv.fr

– Site du Premier ministre : https://www.gouvernement.fr/le-premier-ministre

– Site du Sénat : www.senat.fr

FSC
www.fsc.org
MIXTE
Papier issu de sources responsables
FSC® C022829

Imprimé en France par La Nouvelle Imprimerie Laballery, 58500 Clamecy

Ce produit est composé de matériaux issus de forêts bien gérées certifiées FSC® et d'autres sources contrôlées.

Imprimeur certifié

IMPRIM'VERT®

Achevé d'imprimer en août 2020
Numéro d'impression : 007482
Dépôt légal : août 2020